U0030829

在人生下半場，展開自己人生的模樣

七個問題
看見你的天賦

游祥禾 總策劃

禾禾商學院師資群 著

目次

Q1 你一生願意承受什麼樣的痛苦？ ·················· 6

導師：林偉盛

> 如何把痛苦的感受轉換為成長的動力，是每個人都得學習的一門學問，唯有在認知改變後，才能在痛苦過後留下美好，發現更好的自己。

Q2 你小時候最愛做什麼事情？ ·················· 38

導師：張靜觀

> 某些人對一些事物或在一些領域，具備天生擅長的能力或者極大的熱情，以明顯優先於其他人的速度成長，而且有他的獨特性，天賦是天分與個人興趣或者說熱情的結合。

Q3 是什麼讓你廢寢忘食？ ·················· 70

導師：胡靖韋

> 你們是否有一種經驗，買到了很喜歡的東西，在還沒拿到的時候就很期待，拿到後的第一時間，一定急著開箱、分享、炫耀，先拍個上百張照片，然後晚上做夢也會笑。

Q4 除了為難自己，你還替自己爭取過什麼？ ················ 108
導師：施皇任

> 從小到大，你是否替自己爭取過什麼呢？你知道在爭取的過程
> 中，背後所隱藏的含義是什麼嗎？爭取與為難自己中間的差別又
> 是如何呢？

Q5 你準備如何拯救這個世界？ ···················· 140
導師：黃冠寧

> 當你有多願意想要拯救，你與生俱來的天賦就會幫助你在逆境
> 中，重新擁有一個簡約和諧的舒適生活空間，視野廣闊，心境的
> 轉變也就不言而喻了。

Q6 如果你必須離開家，你會做什麼？ ············ 174
導師：楊豐澤

> 家是一個我們很難割捨、很難輕易離開的生態圈。離開家就代表
> 了一次人生當中舉足輕重、影響甚遠的重要「選擇」。

Q7 關於死亡你想要成為什麼樣的人？ ········· 206
導師：劉雅菱

> 當你出生時，哭著來到這世界，這個世界因你而喜悅；請你好好
> 過這一生，希望你死亡的時候，世界為你而哭，但你心中感到的
> 是喜悅。

Q1 你一生願意承受什麼樣的痛苦？

導師：林偉盛

曾經我認為自己是個天生就不會笑的人，
總是給人嚴肅冷酷，滿滿的距離感，
直到跟著游祥禾老師學習東方心理學，
開始了解自己，
從 2012 年開始學習到現在，
近 10 年的時間，
我喜歡持續變好的自己。
從財經記者變成心理諮詢師，
我感受到生命的溫度，
看見自己是個能給予力量、
送出祝福的人。

現職：

- 禾禾商學院共同創業
- 中國國家二級心理諮詢師
- 英國 CIP 國際心理諮詢師
- 英國 CIP 國際認證講師
- 東方心理學認證講師
- 30 秒識人術認證講師
- 種子落點心力分析認證講師
- 英文能量姓名學認證講師

著作：《打破情緒框架，世界為你讓路》

什麼是「天賦」？哪些特徵、行為、準則才符合天賦的條件？好像很難給它一個完全正確、普世認同的標準答案。但你可曾想過天賦是什麼？你又曾好奇過，自己身上具備哪些天賦嗎？

　　多數人對於天賦的概念，可能是一種「與生俱來」的特質或能力，比如像貝多芬、莫札特在音樂上的天賦才能，或者像是知名藝術家、畫家在雕塑、繪畫的天分，對於美學的獨特感受與直覺。

　　具有天賦的人，好像不用特別努力就可以展現一種驚人的、超乎常人的水準或素質，所以對於多數人來說，天賦就像是一種天生神力，過於常人的思維，又或者是一種看不見但是卻存在我們身上的特質。

　　天賦無法被量化，無法被明確定義什麼樣的條件或是標準才是所謂的天賦，但可以用一個比較淺顯易懂的概念來解釋天賦，就是「別人必須特別努力才能達成的，你卻是稀鬆平常、易如反掌、不費吹灰之力的就能完成它」。所以，在你的生活中覺得沒有什麼特別的特質，但別人卻對你投以驚訝、稱羨的眼光或讚賞時，可能就是一種天賦的存在。

　　在看見自己天賦的探索過程中，我們可以先問自己一個問題：「你一生願意承受什麼樣的痛苦？」從你出生來到這個世

界上，有記憶開始，你曾經歷過什麼樣的痛苦呢？只要一談到「痛苦」這兩個字，每個人都不想跟它產生關係，但很神奇的是，只要談到「痛苦」，多數人總有滿肚子的苦水、滿腔的怨氣，去談論從過去累積到現在自身所經歷過的種種痛苦。你看看咖啡廳裡、速食店中，甚至捷運、公車上，談到痛苦時誰不是高談闊論講述著呢？

有人忿忿不平的聊著自己過去所經歷的那些不如意、不順遂，怪天怪地責怪這個世界的不公平；有人則是意志消沉的敘述著痛苦帶來的痛徹心扉，受到打擊後對生活提不起勁。

所以談到痛苦，似乎很少人可以很正向、很客觀的去看待這一切，好像怪罪於外在的不如意，會讓自己好過些、舒服點。但你可曾想過，那些讓你痛苦的人、事、物，除了讓你難受之外，跟你的天賦其實是有一條看不見的線連結著嗎？

「痛苦」跟「天賦」這兩個名詞，在多數人的認知裡不會把它們放在一起討論，兩者所呈現的感受，更是天差地別的不同。痛苦是悲慘、讓人灰心喪志的，而天賦是快樂，讓人感受到充滿希望、興致勃勃的。

在我們的認知中，可能多數人的印象都是如此。**如何對痛苦有更深的認識，而不是執著在感受上的不舒服，也就成了與天賦連結的一大關鍵。**

你都怎麼面對痛苦

當你感到痛苦的時候，你都怎麼樣去面對那些讓你難受、不舒服的發生呢？我問了身旁的朋友、課堂裡的學生，有人的回答是：「先思考讓自己不舒服的人事物是否可以解決，可以的就立刻動手處理，讓痛苦不再困住自己；如果是一時半刻無法處理的，那麼就先擱著。」

有人則是說：「與其胡思亂想，越想越複雜，不如雙手一攤，看看最後結局怎麼樣，然後被動接受。」

也有人說：「不拖延、不擺爛，痛苦出現時就要立刻找到問題的癥結點，馬上快刀斬亂麻，不要讓這樣的痛苦影響自己的人生。」

面對痛苦時，每個人的處理方式都不一樣，有人選擇先擱在一旁，有的人則是直視痛苦的存在。

「**痛苦會過去，美會留下。**」這是法國印象派藝術大師雷諾瓦的經典名言。雷諾瓦並非從小就立志成為一名畫家，而是在二十歲的時候半路出家，開始拿起畫筆，直到離開人世的那一刻。

在他晚年的時候，飽受類風溼性關節炎帶來的折磨與疼痛，所以每當天氣開始變化時，疼痛感就隨之而來。初期的他還能忍住疼痛作畫，但是隨著時間的累積，病情也越來越嚴

重，每當症狀發作時，全身關節的腫脹感總讓他疼痛不已。

但身體上的疼痛並沒有阻礙雷諾瓦繼續創作的決心，於是當痼疾發作時，他請一位助手將筆放置於他的手上，克服著身體的疼痛，一筆一筆奮力畫出一幅又一幅打動人心的畫作。

更令人佩服的是，身體病痛的干擾，並沒有讓他的作品風格走向黑暗、沮喪、悲憤的灰色風格，反而是在每一幅畫作中運用鮮明的色彩，展現出明亮、奔放，傳遞給人幸福美好的感覺，也因此，他被世人譽為「幸福大師」。

回到我們的生活中，別說是罹患類風溼性關節炎或是重大疾病了，只要一個小感冒或者身體不舒服的時候，多數人就什麼事情都不想做，讓自己成為一灘爛泥，因為痛苦摧毀了人的心智，做什麼事情都提不起勁來。

但雷諾瓦在面對疾病纏身所帶來的不舒服時，創作的意志還是相當堅定，讓自己從與痛苦共處，到最後戰勝痛苦。

或許在我們的朋友圈裡，很少能遇見像雷諾瓦有如此鋼鐵般意志戰勝身體病痛的人，但讓自己在痛苦中看見美好的例子，其實在生活中也是顯而易見的。譬如一個想要透過減肥維持健康體態的人，從沒有運動習慣到穿上運動鞋跑步，在過去慣性狀態被打破時，肯定得經歷過一段不適應的陣痛期，加上伴隨而來的身體疼痛、疲累感、強迫自己必須每天去跑步等等

壓力，很容易讓人放棄打退堂鼓。

　　但有人卻願意堅持下去，並從強迫開始走向樂在其中，背後肯定有一股信念在支持著，最後讓自己透過運動雕塑體態、獲得健康，也因此得到更多收穫。

　　回溯你過往到現在的生活中，有什麼是讓你感到痛苦，但你仍不願意放棄的事情嗎？那股支持你在痛苦背後的力量及信念，可能就是讓你通往天賦、看見天賦的切入點。

　　哲學家尼采說：「殺不死我的，必將使我更強大！」有些人在挫折中不是只停留在灰心喪氣，反而是越挫越勇，就像小朋友剛開始學走路的時候，可能沒走幾步就跌倒在地，但是只要他沒有被這樣的挫折打敗，爬起來後就能夠繼續練習、嘗試，讓自己不必倚賴別人的幫忙，就能越走越穩。

　　只是多數人隨著年紀漸長，遭遇痛苦時總是被情緒給占據心頭，就像咖啡廳、飲料店、餐廳裡，三五好友聚在一起抱怨著生活中的痛苦與委屈，只能感嘆人生不容易、做人好難，然後互相安慰取暖，在同溫層中「討拍」。跟好姐妹一起批判那個沒心沒肺的人，跟好兄弟一起指責那個不顧情義的人，當下的不吐不快與同仇敵愾，只解決了情緒的問題，但卻沒有正視

痛苦背後要帶給你的啟發與意義。

　　於是最後回到現實生活中，繼續過著一成不變的生活，下次再見面時，又抱怨著同樣的痛苦，陷入無止盡的迴圈裡。這樣的生活，多累啊！

　　想要擺脫這樣的痛苦迴圈，那麼你的腦袋中必須要有這樣的認知：「**痛苦只是感受，願意承受讓你看見力量。**」當你在痛苦中不再只是自怨自艾，停留在無止盡的抱怨和批判，而是讓自己進入到痛苦中，去思考如何面對並解決時，你身上會產生一股無所畏懼的力量，讓你願意直視痛苦的存在，並有勇氣去解決。解決痛苦才能不再痛苦，並在痛苦過後讓美好留下。

　　1915 年的諾貝爾文學獎得主羅曼羅蘭曾這樣形容痛苦，他說：「痛苦這把犁刀，一方面割破了你的心，另一方面也挖掘出生命的另一個泉源。」

　　痛苦之所以割破了你的心智，僅僅是情緒帶來的衝擊，但是當你願意去直視痛苦時，它會讓你看見一個更有力量、甚至是前所未見嶄新的自己。

　　所以，痛苦跟天賦兩者之間能開始產生連結，有一個必要的條件是：「我願意承受！」當你處在痛苦時，不再是消極和

逃避，或者是用力反擊，而是願意承受那份苦痛，讓你在歷經痛苦的洗禮過後，更加堅強、更有力量。

我們都聽過一句話：「吃得苦中苦，方為人上人。」為什麼有人在痛苦之中能看見自己不同的樣貌，發掘過去不曾擁有的天賦與能力，有人卻只是被痛苦打趴在地？差別就來自前者不向痛苦低頭，而是感受這份生命禮物帶給自己的力量與祝福；後者只沉浸在痛苦裡怨天尤人、原地踏步、一事無成。

多數人都覺得自己的生活中總是充滿考驗，怨恨著老天爺為什麼這麼不公平。然而當你遇到一個先天身體有缺陷的人時，看見他們所遭遇的種種痛苦時，你才會發現自己原來是多麼的幸福。

當你遇到一位先天小兒麻痺患者的時候，你的腦海中會浮現什麼樣的畫面？行動非常不方便、語言表達不順遂，或是生活需要他人從旁照顧打理等等，多數人腦海中浮現的，可能都是這些既定印象與認知，所以總是對於他們生活中種種的不順遂感到同情、憐憫。但你可曾想過，一位出生就被醫生判定是小兒麻痺的患者，居然可以成為身障超級馬拉松的世界冠軍嗎？

在死亡倒數中看見了天賦

大學念新聞系的我，出社會的第一份工作是在電視臺擔任文字記者，採訪過程中常常碰到許多我未曾遇見、沒有接觸過、讓自己大開眼界的人事物，也讓我發現這個社會不同角落的聲音和生命的力量。

2018 年底，一場四天三夜、108 公里徒步橫越中橫公路的挑戰賽上，我拿著麥克風，和我的攝影搭檔在這場比賽中，捕捉一個又一個克服身體極限的挑戰者們，用雙腳跳脫舒適圈，戰勝不可能的故事。

某一天的採訪從凌晨 4 點就開始，在清晨時分的中橫公路上，剛探出頭的金黃色日出照耀整片山林，美不勝收的景色讓人心曠神怡，正當我和攝影搭檔駐足拍攝眼前這令人流連忘返的晨曦景色時，遠處突然傳來一陣非常規律的「沙—沙—沙—」聲音，打破了眼前的一片寧靜。

回頭一看，是一位挑戰者正奮力邁開步伐走向前，原以為是長途跋涉、腿部肌肉使用過度帶來的肌肉痠痛，使得這名挑戰者走起路來步履蹣跚，但是從他走路的速度和臉部表情來看，又好像不是這麼回事，因為他的臉上充滿著笑容，非常精神抖擻的跨出步伐向前邁進。

這時同行的工作人員說：「他是曾志龍，是這次比賽中唯

一從馬來西亞飛來臺灣參賽的選手，更是這場徒步挑戰賽中唯一的身障者，他以前還是身障超級馬拉松的世界冠軍呢！」

聽到工作人員這樣的敘述，不僅讓我對他飄洋過海來挑戰自我的精神肅然起敬，也立刻發揮新聞人的敏感，和攝影搭檔跟上前，記錄他挑戰比賽的過程。

因為小兒麻痺的關係，讓曾志龍雙腳行動不太方便，但是他走起路來的速度，卻是絲毫不輸其他身手矯健的參賽者，甚至還能為別人送上加油與祝福，讓人覺得他這樣的精神實在是不簡單。

縱使每天都得花上八到九個小時的時間「走路」，但每次看見他的時候，都是滿臉笑容的往前走，而且堅持不上車休息。他說：「以前我都只能跑操場或是我熟悉的場地，這是我第一次參加這種公路型的比賽，雖然是一項很大的挑戰，但是我很興奮。」

他的這句話，更加深了我對他的好奇，從先天小兒麻痺患者到身障超馬世界冠軍，究竟是什麼契機讓他跨出別人眼中認為「不可能」的第一步呢？

那天回到住宿休息的地方，隨即請工作人員幫我約了他，想專訪他在跑步上的心路歷程與變化。我問他的第一個問題是：「你雙腳行動不是很方便，在這麼多種類的運動中，你卻

選了一個對你來說挑戰最大的『跑步』，這是為什麼呢？」

他告訴我：「我之所以會選擇跑步，是因為這件事是無法透過別人的幫助，只能靠自己的力量去完成的一項運動。你在跑步的過程中，每個人都可以為你搖旗吶喊、大聲加油，但回過頭來，你要往前還是要靠自己跑，因為腳長在你的身上，所以只有你自己能幫自己。」

我也相當好奇的問他，究竟是什麼原因，讓他開始萌生了跑步的念頭？他笑著跟我說：「是想看看自己到底有多少能耐吧！因為我十一歲的時候，就被醫生宣告我活不過二十一歲，所以我想挑戰醫生口中宣告我無法活超過二十一歲的預言。」

「於是在我二十一歲那一年，還在念大學的時候，有一天我坐在操場旁邊，看著一群年長的跑者在操場上開心的跑著，我就很想要試看看，那時候一位叔叔對著我說：『如果你願意跑，家人也同意，那麼我願意陪著你。』從那時候跨出第一步開始，就跑到了現在。」

聽到這句話時，我沉默了幾秒，在腦海中想著，如果我是他，我會有勇氣在被宣告即將進入生命倒數的尾聲中，為自己做出這樣的奮鬥嗎？

「我發現我只要一穿上跑鞋，雙腳踏上跑道的那一刻，我的內心就有一種無比的興奮感，讓我抬起腳往前跑，雖然跑久

體力會下滑，步伐會變沉重，但是我的內心會有一個聲音告訴我不要停，繼續往前跑吧！所以我原本從一圈 200 公尺的操場都跑不完，甚至曾經在跑步的過程中跌到水溝裡，在一次又一次的練習中慢慢進步，從半馬跑到全馬，最後跑到超馬。累積到現在，參加過的比賽已經超過上百場，可能我跑過的路比很多人一輩子走過的路還要長、還要遠，我從來不知道原來自己這麼能跑！」

曾志龍對我敘述他用雙腳跑出一片天的興奮感，那一刻我感受到的，不只是他不對命運低頭的那股韌性，還有他找到自己對跑步的天賦那股雀躍與興奮。

訪談接近尾聲時，我問了他一個問題：「你有想過，如果當初沒有跨開雙腳開始跑步，現在的你會是怎麼樣嗎？」

曾志龍雙眼篤定的對著我說：「如果我當初因為家人的反對、因為身旁每個人告訴我不行，不要再浪費時間和力氣，而放棄想要跑步的念頭，或許現在的我已經是一甕冰冷冷的骨灰，不會站在你面前跟你說話了。但是我選擇讓自己勇敢跨出那一步，我才知道原來小兒麻痺的人也可以跑步，原來一開始跑得跌跌撞撞也可以跑到超馬，原來所有的不可能都是腦袋想出來的。」

「如果我沒有當初的堅持，我可能到離開人世都不知道，

原來我對跑步有天賦，原來我有忍耐堅持的天賦，原來我有勇於嘗試的天賦，原來我有樂觀看待死亡的天賦，這些都是我在跑步中所收到老天爺送給我的生命禮物。」

拿破崙說：「『不可能』這個字只有在庸人的辭典中才找得到。」很多時候，認知的邊界，限縮了每個人對於自己能力的無限想像。所以在這樣的框架與界限下，讓沒試過的事情，總是直覺的、慣性的、不假思索的認為，這是一個不可能的任務，因此小看了自己，使得自己在認知的邊界裡活得痛苦，甚至只是符合別人的期待，而不是自己真正想要的模樣。

我們都曾聽過：「**人總是要被逼到絕境之後，才能最大限度激發自己的無限可能。**」這句話或許聽起來很苦，但是也告訴了每個人，在安逸的生活中我們只會滿足現狀，很少對於沒嘗試過的東西產生好奇，所以也就限制了自己的可能性。

以曾志龍的故事來說，或許就是那股生命即將進入最後倒數，快要畫下休止符的壓力，讓他想要再為自己的人生奮力一搏。縱使他的決定有可能是徒勞無功，但是他仍願意去嘗試，讓自己探索那未知的可能與潛能。如果他只是想想，連試都沒試，那麼跑步這件事情或許就不會出現在他的生命裡，更別談獲得世界冠軍的殊榮了。

曾在 NBA 締造亞洲傳奇的球星姚明曾說：「努力不一定

成功，但放棄一定失敗。」擁有 226 公分的身高，無疑是他在籃壇中傲視群雄的一項天賦，但除了身高之外，他過人的肢體協調性還有投籃的手感這兩項天賦，更是他在 NBA 被封為「移動長城」的原因。

你或許會好奇的問：「姚明天生就知道自己有打籃球的天分嗎？」我想沒有人可以篤定的說「是」，甚至連姚明本人可能都不這麼認為，而是透過嘗試與探索，才發現自己過於常人的地方，透過努力的一顆球接著一顆球的投，才發現自己的過人之處。所以天賦能被看見，更多時候是藏在我們看不見的努力探索中。

「看見天賦」這件事情，取決於你有沒有對自己的生命產生好奇，有沒有對你眼前的痛苦產生過疑問，有沒有對不放棄的毅力感到不可思議。好奇心加上為自己生命中的每一個痛苦找到答案與源頭，會讓你在歷經痛苦的過程中，更能往自己的天賦走，讓天賦不再只是與優秀者畫上等號，而是你身上也有別人夢寐以求的天賦所在。

▍天賦藏在你不願承受的痛苦裡

2017 年農曆年過後，利用 228 連假的時間，「禾禾商學院」創辦人游祥禾老師以及世鑫老師、皇任老師，我們四個人

一起花了幾天的時間，騎著腳踏車環島一圈。

這趟旅行中歷經了豔陽高照的大晴天，也有陰雨連綿的下雨天，每天平均花七到八個小時坐在椅墊上，雙腳奮力的踩著踏板，一步一步的向前行。每天至少 50 公里起跳的路程，說不累是騙人的，但因為我們四個人互相扶持，順利完成了這場與自己的挑戰。而這次的腳踏車環島，也讓我得到了另一個更大的挑戰機會，進而讓我看見了存在我身上的天賦。

環島結束大約一個月後，主管問我：「有一個去戈壁採訪的機會，你要不要嘗試看看？」聽到的當下，我對於戈壁到底在哪裡還是一知半解，主管這時接著說：「是在中國甘肅省的戈壁沙漠。」

聽到「戈壁沙漠」這四個字，我的腦袋裡立刻閃過高溫炎熱、罕無人煙、荒涼偏僻等念頭，當下心中充滿著無限的焦慮，但又不知道該怎麼回覆主管，我到底要去還是不去。

主管告訴我：「沒關係，你考慮看看，不必有壓力，因為許多大型電視臺他們都不願意接這類型的採訪工作，主要是風險太高、不確定性太多，雖然我們公司是第一次接到這樣的採訪邀約，但是公司非常注重記者外出採訪的安全，所以如果記者有所顧慮，也不會貿然派人去參加。」

記得我那時候問了主管：「怎麼會想到我呢？」主管告訴

我：「因為看了你環島時在臉書上發表的文章，感覺你不論在體力上的耐力與心智想法上的成熟，還有那份熱血的感覺，讓我在第一時間腦袋中就浮現了你的影子，才想說問看看，你想不想要給自己一個不同的挑戰。」

自從收到這個訊息的那天起，我的腦袋裡無時無刻都在想著，到底該不該接下這個從未經歷過的挑戰，甚至還上網搜尋了很多戈壁的相關資訊，但跳出來的都是沙塵暴、乾枯荒涼、熱衰竭、偏僻……等字眼，使得我心中不安的恐懼感更加升溫，也讓我對於去與不去的掙扎更加糾結的拉鋸著。

在準備回覆主管訊息的前一天，我問了同事：「我到底該不該去？」

同事反問我：「你平常會自己買機票去這個地方嗎？」

我說：「當然不會啊！」

於是同事又補問了一句：「現在因為工作，讓你有機會去這個地方體驗，去親眼感受不同於平常的生活環境，這不就是新聞工作中，讓人期待的一種魅力和樂趣嗎？」

想了想之後，發現好像是這樣沒錯。為了讓自己心中的答案更加篤定，於是詢問了我的恩師游祥禾老師，想聽聽老師會建議我該怎麼做決定才好。

老師問我：「你過往的人生中，有想過有一天要去戈壁沙

漠徒步嗎？」

我直覺反射的回答：「壓根從來沒有想過。」

游老師只告訴我一句話：「如果你從來沒想過的事情，如今卻在你面前發生了，那不也是一種讓你成長的機會嗎？我相信這將會是一次讓你很有收穫的過程。」

聽完游老師的這段話，不知道為什麼，那種焦慮、徬徨不安的感覺頓時煙消雲散，心裡也產生了一股安定的力量，讓我願意在不曾接觸過的未知中挑戰自我。

在回覆主管我願意參加這趟戈壁採訪後，到正式出發前的這一個半月時間，除了準備各式各樣的採訪文件、資料，與媒體窗口聯繫接洽，這些時間我也在想著，這趟採訪到底能讓自己有什麼不同的視野與見解。

從臺灣搭飛機到北京，再從北京飛到甘肅，還坐了將近8個小時的巴士，才到達選手們的集合點——敦煌。到了正式採訪的那一天，我和攝影搭檔及分配到同一輛車的臺灣媒體同業，把裝備都放到專屬的吉普車上後，我的腦袋中突然閃過了一個念頭：「我想要全程用走的完成這場採訪。」於是我把這個想法告訴了我的攝影搭檔和同車的媒體同業。

他們聽到的第一個反應都是：「有車不坐想用走的，你頭殼壞去唷？參賽者們都是練了一年才來參加比賽，你沒有訓練

過就來走，會不會太危險了？」

　　記得那時候我是這樣告訴他們的：「這搞不好是我這一輩子唯一一次機會來戈壁徒步採訪，我想看看這條路，每年讓這麼多人花上好幾十萬元想來挑戰的原因是什麼？我想知道他們不放棄的原因是什麼？如果只是坐在車上，那麼這趟採訪我也不用大老遠飛到這裡來，只要攝影拍好影片讓我回去寫稿就可以了，是吧？」

　　就這樣，在開賽槍聲響起後，我跟著所有的參賽者一起用雙腳踏上這條總長 116 公里的挑戰之路。

　　平時寂靜荒涼、罕無人煙的戈壁沙漠裡，因為這群挑戰者的出現頓時熱鬧了起來，每個人抬起腳跨出步伐，走過細沙滿布的砂丘、碎石滿布的礫石灘，頭頂上頂著烈日，在高溫 38 度的戈壁行走著。

　　雖然事先做好功課，買了適合長時間健走的鞋子，並且穿上加厚版的五指襪避免腳起水泡，但是過去從沒每天花 8 個小時以上徒步行走的經驗，加上得自己背 1 到 2 公斤的水，還有吃的補給乾糧，這些背在身上的重量，對腳底產生的壓力是非常大的，因此每天回到休息的營地時，腳底起水泡、肌肉痠痛都是家常便飯。

　　參加過好幾次比賽的老前輩說：「來戈壁沒有起水泡，那

麼就不算來過了，這是戈壁最具特色的紀念品。」

聽到這句話的當下覺得太苦情，但是想一想，這些水泡也是證明我用自己雙腳一步一腳印努力過的足跡。

我的攝影搭檔和同行的媒體夥伴，看到我雙腳都起了水泡，走起路來一跛一跛的模樣非常於心不忍，紛紛勸退我說：「腳都已經走到起水泡了，接下來就別走了吧！還是坐車比較好啦！」

我笑笑的跟他們說：「沒關係啦！讓我再試看看，如果不行我一定不會勉強，會請你們來把我接走的。」於是就這樣，從只走一天變成走完四天全程，從第一次參加到連續三年報到，這趟路上除了「走路」，也給了我很多的啟發。

如果當初我沒有選擇參加這場採訪，沒有選擇堅持全程徒步，沒有選擇忍受雙腳疼痛，沒有選擇撐過體力耗損，沒有選擇接受種種生活條件的不便，我可能就錯失了發現自己天賦的機會。

光聽到要用雙腳走 116 公里，對於平時很少運動或走路的現代人來說，根本就是個天文數字，但是當我用雙腳完成了這場採訪之後，才發現自己原來是個很能忍耐的人。

每天承受身體的疲累與疼痛，每天背著水和食物在沙漠中行走，每天頂著烈日豔陽向前行，這些種種的挑戰與痛苦，如

果沒有忍耐的毅力，其實很難撐過來。

　　而對於自己許下的承諾，一定非得實踐的那份毅力，也是在我身上看見的另外一種天賦，因為有個動力拉著你往前進，有個期待在前方等著你的時候，會讓我不輕言放棄自己所說出口的承諾和堅持，這也是老天爺所送給我的另一種生命禮物。

　　比賽結束時，我的腦海中浮現了游祥禾老師說的那句話：「我相信這是讓你很有收穫的過程。」

　　才知道原來在這場讓自己感到痛苦想放棄的採訪中，看見了自己身上的天賦，這是一件多麼令人值得開心的事情。這真的是痛苦的砥礪之下，非常振奮人心的收穫啊！

　　貝多芬說：「我們這些人畢竟是由無限的精神所構成，而且生來就是要經歷痛苦和歡樂的，人們不妨可以這樣說，最傑出的人總是用痛苦去換取歡樂。」

　　痛苦或許對多數人來說，是一種非常不想面對的情境，因為那太苦、太累、太磨人心智，所以面對痛苦，當你選擇逃避時，只會在自己的舒適圈裡繼續存活著，而失去了痛苦背後想帶給你看見天賦的機會。

　　「當你能直視痛苦的存在，就能看見力量的所在。而那股力量，正是你的天賦所給予的。」所以為什麼有人總能在一次又一次的痛苦裡，看見不一樣的自己，讓自己變得更有力量

和自信？因為他們選擇看見痛苦中自己的不足，選擇歷經痛苦的考驗，去看見更不一樣的自己，所以在這樣的過程中，他們越能把自己掏空，越能忘記過去已知的，而去尋覓更多未知的自我。

當我們重新調整對於痛苦的認知與定義後，痛苦似乎除了情緒所帶來的挫敗感之外，其實並沒有大家想的這麼可怕。

撇除掉情緒上的干擾，痛苦就像一顆煉金石，越是真材實料、不怕歷練與挑戰的人，會把痛苦當作是一次又一次讓自己翻轉向上的機會。

享譽國際的臺灣知名導演李安在成名之前，有六年的時間窩在家裡當家庭主夫，靠著老婆維持家裡的生計與開銷。以華人社會的男性來說，這可能是一件很痛苦的事情，尤其又得承受別人的說三道四，背負靠著老婆養、這個人能力不足等種種流言蜚語。

不過就是這段時間所承受的痛苦，讓他也開始沉澱，花了許多時間閱讀大量書籍和電影，讓李安寫出了兩部非常具代表性的名作《推手》和《喜宴》，歷經這段低潮時期，讓這些養分成為他撰寫電影的靈感。

願意承受，成為看見天賦的鑰匙

「天賦」跟「痛苦」之間的連結來自願意承受，也成為你打開天賦的一把鑰匙。痛苦卻選擇承受，背後支持你的力量就是天賦。從前面講述的曾志龍不向死亡的恐懼低頭，透過「跑步」發現了自己忍耐堅持、勇於嘗試、樂觀面對恐懼的天賦，到我克服心中種種的恐懼，踏上從未去過的戈壁沙漠，用自己的一步一腳印，發現了自己堅持、一諾千金。

或者像音樂神童莫札特當初在創作時，為了堅持自己的理念，不惜跟爸爸斷絕關係，就為了將自己心中對於音樂的理念與堅持完整表現出來，這些都是他們在願意承受痛苦中，天賦所帶給他們的力量。

比如說有些人在婚姻、感情上觸礁，在親子關係中出現摩擦等等，這些問題已經持續了好幾十年，但仍沒有選擇切割、分離的原因，背後一定有一股天賦的力量支持著，讓你在痛苦中不舉白旗投降。可能是一種信守承諾的天賦，只要與對方結婚，不論如何就是要堅守當初許下願意牽手到老的誓言；也可能是喜歡照顧、付出的天賦，讓他即便關係緊繃，但還是想照顧對方。

天賦，其實不是我們所想的那樣，非得要課業很優秀、能力很傑出、天資聰穎、有過於常人的技藝等，才能與天賦畫上

等號。只要你比多數人在某一項事情上更得心應手、更願意堅持、更喜歡付出、更甘願承受、更能咬牙苦撐，這些都是你身上有別於他人的天賦，只是它從來沒有被社會認定過，所以你也覺得好像就是一種本能，而不是和別人相較之下特別突出的天賦。

就像 2013 年成為亞洲首位完成世界七大洲、八大站極地超級馬拉松賽事，創下史上最年輕紀錄的臺灣極地馬拉松好手陳彥博，他小時候原本是競速滑輪運動員，到了國中才半路出家，轉換跑道成為一名田徑運動員。

從 2008 年第一次挑戰磁北極 650 公里極限馬拉松，開啟了他挑戰自我極限的開始，雖然 2011 年發現罹患咽喉癌，家人苦勸他不要再跑步，但他對於跑步的那份熱情與動力，讓他大病初癒後隨即又參加了喀拉哈里沙漠 250 公里超馬賽。

他跑過一場又一場充滿危險與孤寂的超級馬拉松賽事，能承受孤獨、能自我激勵、能和誘惑相抗衡、內心力量強大等等，都是支撐著他邁開步伐、一步步跑向終點的最強後盾，這樣的天賦不是每個人都有，也造就他之所以能成為傳奇的最大動力。

「真正的強者會欣然接受痛苦，甚至讓痛苦更猛烈一些，想在痛苦中綻放出自己的精采、彈奏出令人喝采的絕響。」人

之所以會遭遇痛苦，必定是在某個狀態中無法再向上突破，所以痛苦的當下就是認知升級的機會，讓自己歷經痛苦的磨練之後，可以再次提升自己的認知，拓寬自己的眼界。

在華語樂壇占有舉足輕重影響力的天后蔡依林說過這樣一段話：「謝謝曾經很不看好我的人，謝謝你們給我很大的打擊，讓我一直很努力；謝謝一路以來對我還是很支持的人，因為你們對我的期待，我要讓自己一直維持最好的狀態。儘管花再多時間，也請不要放棄追尋自己，曾經的痛苦與碰撞都只是路途，都是成長的痕跡。」

蔡依林曾經自白，有好長一段時間她都是活在別人想要的期待裡，總是努力的讓自己達到別人心目中的完美，到頭來卻活得不像自己。但後來她把符合別人眼中的完美焦點轉回到自己身上，從執著在外界種種批判聲浪的痛苦中，開始專注在自己想要的突破裡，於是她開始在演唱會上、MV 裡加入各種不同的嘗試，像是鞍馬、吊環等體操動作，還有無重力鋼管舞、緞帶舞等，這些都是她給自己設下的挑戰與突破。

不是科班出身、沒有任何基礎，讓蔡依林要練就這些專業的技能，可以說是難上加難，但她不怕困難，從零開始學起。一次又一次的失敗、跌倒、受傷，沒有讓她放棄朝自己所設下的目標前進，一天花十幾個小時鍛鍊體力、練習舞蹈動作，最

後上臺呈現給觀眾最完美的一面，獲得滿堂彩。

明明不用做這些自己不拿手的事情，但她卻選擇接受挑戰，在歷經痛苦的洗禮之後，讓自己再往上升級，再次呼應了「幸福大師」雷諾瓦所說的：「痛苦會過去，美會留下。」這句話帶給人的力量與真諦。

痛苦是阻力也是助力，就看每個人如何去定義。如果你將痛苦視為是阻力，那麼你除了感受到滿滿的痛苦之外，也會讓自己失去鬥志，任憑不確定性的結果左右你的人生，於是只能隨波逐流，得過且過。

如果痛苦是你眼中的助力，它就會成為激勵你的一劑強心針，讓你更具力量，挑戰眼前這跨不過的坎，讓你有信心可以更上一層樓。

與其讓自己急著從痛苦中抽離，而沒有去了解痛苦背後想帶給你的啟發，那麼逃離痛苦可能就像吃了一顆止痛藥般，只是暫時不痛，但是往後當相同的痛苦再度來臨時，加倍的痛苦只會讓你更無法承受。

若是選擇直視痛苦的存在，不再被感受影響自己的思緒，而是想著如何跨越這道巨大的高牆，你總會找到痛苦背後的出口，讓這樣的痛苦成為你生命中茁壯的一劑養分。

天賦沒你想得那麼遙遠，天賦就藏在生活裡

　　禾禾商學院創辦人游祥禾老師曾在「財商心理學」課程中提到：「天賦，是一種不用努力、不用堅持、不用刻意學習，自然而然就可以上手的事情。」那麼除了學習力快、記憶力強、節奏感佳、藝術美感等我們認定比較像是「天賦」的模樣，有沒有其他形式的天賦存在著呢？

　　有一次和幾位上過東方心理學的同學談了談他們的天賦，我先問了他們：「你們覺得自己不用特別努力就能上手的天賦是什麼？」

　　他們異口同聲的說：「喜歡跟別人聊天！」

　　A同學說，她跟人分享東方心理學的時候，朋友都對她露出了「怎麼這麼厲害」的眼光，而且她就特別能抓到別人內心在想什麼！

　　B同學說，他從小就喜歡跟人聊天，大家有什麼心裡的問題、困擾或者是開心的事情，都喜歡跟他分享，到現在他把這顆對人熱情的心，擴充到他的事業上。

　　C同學說，她喜歡分享她在課堂中所學的內容給身旁的朋友，而且常常一聊就是好幾個小時，別人也喜歡找她聊心事，讓她覺得好神奇！

　　我在他們身上看見，與人交流時都具備讓人舒服的特質，

願意對他們打開心房，訴說著那些掏心話，加上他們帶著一顆善良的心，想解決他人的痛苦，給予他們一些支持和鼓勵，這就是一種透過聊天給人力量，與生俱來的天賦啊！

每個人的天賦不盡相同，有的人是學習力特別好，有的人是美術天分特別強，有的人特別有領導魅力，有的人則是擅於在人群中展現交際的魅力。從自己的角度出發去看，會很羨慕那些人身上擁有的特質，會希望能夠擁有每個人身上的那些特質，但是卻忘了自己最擅長的優勢，其實也是別人所羨慕的。

天賦的形式百百種，只要我們善加利用、好好發揮，那麼每一種天賦都將為你的人生加分，創造屬於你的價值！

「找出自己的天賦，企鵝不跟老鷹比飛！」這句話再次點醒了每個人，在追求別人身上那些令你著迷的特質時，你有看看自己與生俱來的天賦是什麼嗎？有愛上它嗎？

天賦既然是老天爺送給你的禮物，那麼就該好好的利用它，把它發揮得淋漓盡致，愛上你自己的天賦，就不會陷入一昧的追求與羨慕；愛上你自己的天賦，你也能是別人眼中發亮的那顆星。

最後想告訴大家的是：「**痛苦的背後，藏著讓你興奮不已的美好。**」痛苦看似難以承受、很難跨越，但這些都是我們在心裡給自己設下的坎，都是大腦為自己設下的柵欄。

「只想站在山底下，不願花時間一步一腳印走上山的人，永遠無法親眼看見山頂上那片美景有多麼心曠神怡，多麼令人震撼。」不一定每一個痛苦都會有好的結果，但是真正努力跨越痛苦的人，才能見證到美好的到來。

　　「努力」是一種刻意練習的過程，反覆練習、不斷的嘗試；「實力」則是一種爐火純青、真金不怕火煉的狀態，是一個人的真本事。想要有令人讚嘆的實力，那麼努力絕對是一個不能忽略的過程。就像蓋房子時，地基打得穩，才不怕風吹日曬雨淋，挺過各種考驗仍屹立不搖。

　　「不經一番寒徹骨，焉得梅花撲鼻香。」想要成為人上人，得先吃得了某種程度上的苦中苦，放棄玩樂，捨棄舒適悠閒，在努力中讓自己向上提升，當你讓自己走到預設的目標那一刻，你會覺得那些痛苦都是讓你通往成功的路上，不可或缺的養分，過程中辛苦的努力，一切都值得了！

　　每個人在生活中的方方面面，一定有些事情讓你跨越不過去，無法解決，你會感受到痛苦油然而生。但像貝多芬、莫札特這些被譽為天才的音樂家們，我們只是看到他們很厲害、非常光鮮亮麗的一面，但他們背後所承受的各種痛苦，沒有親自經歷過的人是無法想像的。

　　游祥禾老師曾說過這麼一段話：「上帝拿走你某些東西，

並不是要讓你痛苦，而是要給你更好的。在對生命感到無能為力的時候，才明白每一位在我們生命中出現的人，他們看起來是來折磨我們，其實真正是要帶領、教會我們去看懂自己的天賦。他們總是迫使我們去注視鏡子，看到自己。」

「上帝關了一扇門，必定會再為你開啟另一扇窗。」當你的專注力全都放在那扇被關起來的門時，就不會再花時間去尋覓那扇被開啟的窗，因此也失去了看見不一樣自己的機會。所以面對痛苦的第一時間，我們可以正視痛苦的存在，但是千萬不要被痛苦給綁架了。

當每個人在往天賦接近的過程中，總會有阻力出現去影響你的意志、去干擾你的決心，就像雷諾瓦遭遇的身體病痛、曾志龍被家人阻止等等，這些阻力考驗著人的心志是否能熬過考驗，所以在這些過程裡，內心所產生的掙扎就會一再的浮現。熬得過的人就讓自己繼續往天賦前進，熬不過的人只能跟現實低頭，感嘆時不我與。

當你可以擺脫痛苦情緒所帶來的困擾時，就能夠用正向的態度去看見痛苦背後想帶給你的力量，從這股力量中去探索自己更多的可能，從這裡看見更不一樣的自己。

所以，最後想要告訴你的是：「你願意承受的痛苦背後，藏著你與生俱來的天賦。」

透過好幾個故事的說明，不知道看到這個地方的你，是否有發現痛苦和天賦並不是獨立的個體，而是存在著關聯性。痛苦是開啟天賦的一把鑰匙，雖然得經歷一段時間的嘗試與磨練才能看見，但是這過程中的點滴，都與你的天賦緊緊相連，只是沒有被你注意到罷了。

　　「一切事情冥冥之中似乎都安排好了！」這句話聽起來，第一時間會讓人覺得太過於宿命論，但換個角度來解讀，這樣的安排都是來自於我們過去所做的一切，所以結果也就自然發生了。

　　你可能聽過甚至非常熟悉「種子法則」、「因果論」、「吸引力法則」，這些理論告訴我們的正是：「你眼前所發生的每一件事情，都是來自於過去的所做所為。」不管心裡覺得是好的或是不好的，一切的起心動念皆由自身而起，當然過程中的努力，也就成了決定結果的關鍵因素。

　　一艘在海上行駛的船隻，只要方向稍微偏離航線一點點，當下可能沒感覺，但時間久了就會發現，怎麼和目的地的距離越差越遠？人也是如此，去觀察自己的想法、行為，最後會發現，常常在一個小小的點上產生的情緒反應，一開始不予理會，事情就一步一步走錯了方向，離天賦也越來越遠。

　　我喜歡告訴和我對話的朋友，不管結果如何，每件事情發

生的背後，都有值得我們學習、讓我們成長的地方，抱持著這樣的心態去看待生活中的每件事情發生，你會懂得「一切都是最好的安排」背後的真正含義，那背後或許就藏著你與生俱來的天賦。

天賦不該只是被窄化的能力，而是你身上的一種特質。如果說順境是老天爺送給我們的禮物，那麼逆境就是祂給我們的考驗，為每個順境來臨前先做好磨練，也讓你感受到成長的喜悅。

「天下無難事，只怕有心人。」古人留下的這句話，果然是有他的道理，也是勉勵著我們，痛苦會過去，美好會留下，願意接受逆境的挑戰，我們將朝成功的方向持續邁進。

蘇格蘭詩人伯恩斯說：「扭曲的思想差不多是使你感受到痛苦的唯一原因。」生活中所有的痛苦，皆是由自己的認知所創造出來的，當有人與自己的想法不同、與自己的價值觀不符所創造出的差異，當你拒絕接受時，痛苦就產生了！

貝多芬說：「痛苦能夠毀滅人，受苦的人也能把痛苦毀滅。創造就需苦難，苦難是上帝的禮物。」如何把痛苦的感受轉換為成長的動力，是每個人都得學習的一門學問，唯有在認知改變後，才能在痛苦過後留下美好，發現更好的自己。

Q2 你小時候最愛做什麼事情？

導師：張靜觀

一成不變的工程師「生存」法則，
到後來循序轉變的講師和諮詢師生涯，
漸漸體會什麼叫做享受「生活」。
要開闢一條利人利己的專屬道路，
讓「生命」意義能順利接軌，
了解自己是那麼的重要！
擅於透過禾禾商學院的課程，
引導大家從生活中看見自己的天賦。

—— **現職：**

- 禾禾商學院共同創業
- 英國 CIP 國際心理諮詢師
- 東方心理學認證講師

天賦是什麼？從字面上的意思來理解，就是天分資質。

　　每個人都有屬於自己的天賦嗎？這絕對是肯定的。

　　當我們或我們的孩子出生時，父母或我們會迫不及待想要了解孩子的個性，想要知道孩子的天賦，孩子像爸爸或是像媽媽？長大以後，又會變成什麼樣子呢？是一位科學家？一位物理學家？一位教育家？一位演員？還是一位生意人？

　　每個人的天賦所在神態各異，大家都是潛在的天才。如果我們用爬樹的能力來衡量一條魚，那麼牠在我們眼中，將永遠會是一位阿斗。要如何以正確的引導，讓人在屬於自己的領域中，發揮出獨特的光芒呢？

　　世界上的人百百種，心理測驗帶來許多商機，測驗方式林林總總，它用短短的幾個選項或描述，套用在做測驗的你身上。測驗的結果也不拘一格，告訴你或讓你知道可能擁有哪些天賦，並讓你信服。

　　現在國際上最流行的測驗，並不能準確的測出一個人的天賦，因為天賦並沒有統一的標準答案，也很難用量化的方式來定義清楚，例如：你知道你有幾項天賦嗎？這類問題是很難被準確回答的。

　　我們常講這一個人是被某個業界耽誤的什麼人，例如：被律師界耽誤的畫家，那麼畫畫是他的天賦嗎？或許是，或許不

是。或是眾所皆知的畫家梵谷，他有沒有可能還有其它的天賦呢？當然有，但是他可能一輩子都不知道，原來他還有其它的天賦存在。

每個人的天賦都不盡相同，要看見自己的天賦，需要一個探索的過程。在這個過程中，會需要不斷的自我審視、自我發現，從蛛絲馬跡中發現一些共性，最後才能看見自己確實有某個方面的天賦。

本書用七個問題來反問大家，帶著你一起激盪思考。經過第一個問題「你一生願意承受什麼樣的痛苦？」的探討後，我們不難發現，天賦可以有上百、上千種，有如天空一樣寬廣。

有沒有想過，你可以透過這七個問題的思考面向，讓自己更靠近天賦天空的大門，透過這些問題來幫助自己看見天賦，一步一步按圖索驥。最後你會發現，你跟天賦之間就只是一線之隔，這當中其實只隔了一層薄紗，原來天賦離你近在咫尺。

探討完本書提出的前一個問題後，現在來聊點快樂的面向。讓我透過這個問題：「你小時候最愛做什麼事情？」把這早已在你面前的天賦薄紗掀開吧！透過這個問題，我們一起來循序漸進往下探索思考。

十九世紀德國著名的兒童文學之父艾瑞希・克斯特納（Erich Kästner）曾提到：「多數人都把孩提時光當做舊帽子

般摘下，擱置一旁。像個失效的電話號碼一樣蒙遭遺忘。他們從前是孩童，然後長大成人，但是他們現在到底是什麼？只有那些保有赤子之心的成人，才是一個真正的人。」

因此，在開始正式探討之前，我們必須先來定義一下「小時候」這個詞，因為這三個字的範圍可以很廣泛。每個人對小時候的定義截然不同，有些人的小時候是指昨天之前，有些人是指國小低年級的時候，有些人是高中以前，有些人則是覺得大學或是出社會以前，有些人可能認為三十歲之前都是小時候。以上這些都是我們的小時候，請先定義出你自己對於小時候的界定。

定義完你的小時候之後，當「你小時候最愛做什麼事情？」這個問題一出現時，你第一時間想到的是什麼事情呢？你腦中一閃而過的畫面又是什麼呢？玩耍、打球、學卡通《七龍珠》裡的龜派氣功……？

這些事情太多、太廣泛，現在我們進一步來做更精確一點的定義。當這件事情是一個興趣或一種嗜好呢？或者是才藝等等，現在，將透過我個人對於這個問題的理解，來和大家分享關於這個問題，我是如何去思考的。

▎我沒有任何天賦

英國著名的教育家暨 TED 知名演講人肯‧羅賓遜（Ken Robinson）在他的著作《發現天賦之旅》中這樣定義天賦：

「某些人對一些事物或在一些領域，具備天生擅長的能力或者極大的熱情，進而使其可以在同樣經驗甚至沒有經驗的情況下，以明顯優先於其他人的速度成長，而且有他的獨特性，天賦是天分與個人興趣或者說熱情的結合。」

在任何一個領域要做到傑出實屬不易，除了堅持努力外，更重要的應該是對這個成長過程中，從心底的熱愛和喜歡。如果我們能一邊做自己喜歡的事情，一邊研究其中的底層規律，那麼將能事半功倍。

哪些是我們充滿熱情或喜愛的事情呢？一般而言，會在我們具有天賦或者說具有優勢的領域，我們不妨可以從這些方面切入。

不過我發現，這個問題真正的困難點，在於大多數人覺得：「我好像沒有什麼特別喜歡的事情，也沒有什麼天賦。」那怎麼辦？其實這個過程我也曾經歷過，以下將和大家一起分享我的歷程，或許會對你有所啟發。

提起「天賦」這個詞，不禁會讓我們的腦海中閃現出像是莫札特、達文西、愛因斯坦、麥可喬丹、姚明等人。每次提到這些人，我們心中都會非常羨慕及崇拜，他們利用自己的天賦及努力，在各自領域中取得巔峰的成績。

　　很多人都覺得，天賦好像是天才們的專屬，普通人似乎沒有擁有它的權利，但事實上天賦並不神祕，也並非只有特別的幸運兒才能擁有。

　　提到音樂領域的天賦，一般人很自然就會想到音樂天才莫札特。莫札特從小就表現出過人的音樂天賦，不足四歲就能完整彈出姊姊在練習的曲子，而這也讓身為普通人的我們，覺得似乎與天賦一點也沾不上邊。

　　然而事實並非如此，天賦並不等於天才，**我們絕大多數人都不是天才，但我們人人都擁有天賦**。所謂天賦，通俗的理解就是某種天生的特性，讓一個人可以在同樣起點的情況下，在某些事物或領域，比一般人更快速的成長或取得成就。

　　天賦往往很難被一般人觀察到，我們也常常意識不到自己的天賦在什麼地方。你覺得自己有天賦嗎？你的天賦是什麼？直到正式探討天賦這個問題時，我都覺得自己是一個特別平庸的人，甚至覺得如果我叫牛頓或愛因斯坦的話，自己取得的成就可能才會更大一些。

天賦對於我而言，曾是一個可望而不可及的事情，別說是天賦了，就連真正的興趣，我好像也沒有。

你的天賦是什麼？一提到天賦，大多數人的第一反應就是跑步、籃球、足球等體育領域，或是舞蹈、音樂、繪畫等藝術領域，以及數學、物理、化學等科學領域。我們將這些表現出來與眾不同的優勢稱為天賦。

過去我總以為只有這些才能被稱為天賦。如果提到在音樂領域有天賦的人，你會想到誰？貝多芬、莫札特或是其他知名音樂家；如果是體育類的足球呢？貝克漢、梅西等足壇明星。提到天賦，我們的第一反應可能是：「我不就是個一般的凡夫俗子，哪裡有什麼天賦，我實在是太普通了。」

所以當時我也以為，只有像莫札特、愛因斯坦、麥可喬丹這些人，才算得上是有天賦的人。確實，好像一提到天賦，我們的腦海中就會浮現出天才形象，遠至愛因斯坦，近至當代的霍金等。

難道我們不是貝多芬，不是西羅，不是籃球明星麥可喬丹，我們身上就沒有天賦嗎？有這樣思考過嗎？我當時自己覺得，我不是貝克漢，也不是貝多芬等名人，像我這種泛泛之輩，能力普通的小人物，身上似乎沒有任何天賦。

再加上第一次看到這個問題時的第一反應是，我從小沒有

什麼特殊才藝，也沒有學過任何琴棋書畫，所以小時候非常羨慕其他人可以去學鋼琴、可以去學跆拳道，因此在第一時間看到這個問題時，我沒辦法把天賦跟小時候喜歡做的事情有所連結，覺得自己身上沒有任何天賦。

不知道你會不會有這種想法？正如一般人所理解的，小時候好像就只是玩，整天吃喝玩樂之類等等。當我把當時對「天賦」這個詞語的理解加入時，我想到的是，有些人可能喜歡畫畫，有些人會開始學樂器，或是有些人可能喜歡唱歌、跳舞……等等。

一般人小時候可能都會做這些事情，有些人可能還喜歡運動類的活動，像是游泳或是打躲避球，到國中的時候可能喜歡打籃球。當我看到這個問題時，我想到的都是才藝類型，所以才讓我覺得，自己好像沒有什麼最喜歡做的事情是與天賦有關的。

天賦，這不是人生贏家才有的東西嗎？但難道因為這樣，我身上就什麼天賦都沒有了嗎？真的是這樣嗎？我們再來一起往下思考。

我不是沒有天賦，只是忘記了

在更進一步探討之前，想先跟你分享一個小故事。每個人都有自己的小時候，如果是三歲以前的事，你還記得你曾喜愛做什麼事情嗎？

有一天，一歲多的姪子來家裡玩，那時他已經開始會爬會走，是個活蹦亂跳的好奇寶寶，他最喜歡做的事情就是這邊看看、那邊摸摸，東翻西攪的很是忙碌，停不下來，沒有多久，家裡已經呈現被原子彈炸過的狀態。

這個時候，自己的潔癖忍不住發作了，看著姪子還沒打算要罷手，對我露出他仍然對這個世界充滿好奇的表情，於是我抱起他，把他帶到陽臺，讓街上熙熙攘攘的人車分散他的注意力。

此時旁邊的屋頂上，忽然有一隻小貓出現。小朋友對於小動物都很好奇，突然出現一隻跟他一樣活蹦亂跳的小貓，牠在屋頂上稍作休息，一邊不停喵喵叫，沒這麼近看過小貓的姪子當時很興奮，沒多久，牠就一溜煙離開我們的視線。

小貓不見後，姪子一直在找牠，此時傳來小貓喵喵叫，但只聞其聲不見其貓，姪子就一直在陽臺上東看西找，並學著小貓的喵喵叫。

這件事情差不多過了幾個月之後，我到姪子家去找他玩，

你猜得到他第一眼看到我時說了什麼嗎？沒錯！我想你應該猜對了，他那時看著我，然後說了一句：「喵～」

透過這件事情，我想和你表達什麼？原來，關於天賦，我們會不會只是忘記了？就像我姪子，這件事情已經過了很多年，基本上他早已忘記了這件事情。所以，關於天賦，你覺得我姪子在那個時候，他的天賦是什麼？他隔了好幾個月之後，居然還記得看到我要喵的一聲。這當中有什麼天賦嗎？或許是「模仿」，也可能是他「記憶力好」，或是其它的天賦。所以，關於天賦，我們只是都忘記了喔！

也許你也可以試著和你身邊的人聊聊，有沒有什麼事是曾經發生在自己身上，卻讓我們遺忘了的事呢？或許從這些遺忘了的事情當中，會不會也讓我們看見了自己的天賦呢？

▍我不是沒有天賦，只是沒看見

經過了這麼久，很多小時候的事情都被我們遺忘了。除了忘記天賦以外，另外還有一個面向就是，我們可能「沒看見」自己身上的天賦。

我們小時候一定發生過諸多事情，正如我一開始時所問的問題：「你小時候最愛做什麼事情？」在這些事情上，我們可能沒有看見自己的天賦所在，就像上述我姪子的例子中提到

48

的，他身上就帶著模仿力、記憶力好等天賦，但卻可能被我們忽略了。

既然現在探討的是小時候，那就讓我們一起坐著哆啦A夢的時光機，回到我的小時候。

你一定很好奇，為什麼要回到我的小時候，為什麼要以我為例子來探討呢？試想，如果我接下來說的是像貝多芬或貝克漢這些成功名人的例子，你會不會覺得在自己的現實人生中，與他們之間的距離根本是遙不可及？

對於平凡的我們來說，更像是一種不切實際的憧憬。想想還不如放棄，因為距離太過遙遠，那我要如何與你建立當中的連結？如何讓你有共鳴？

所以，在「你小時候最愛做什麼事情？」這個問題中，我將以自己一個平凡普通人來做為分享的例子，希望更能讓你建立起自己小時候的連結。

我把我的小時候分為兩個階段──國小及國中，你可以視自己的情況，將自己的小時候區分做探討。

首先，要跟你分享我自己小學時期的經歷。你小學的時候最喜歡做什麼事情呢？喜歡到處跑來跑去？喜歡滔滔不絕和人聊天說話？還是下課去運動場打球？那時候的我，最喜歡吃東西了，是個貪吃鬼無誤。

除了貪吃，我還喜歡畫畫。記得當時會去畫那時流行的乖乖桶上的藍色小精靈圖案，我就這樣一邊吃一邊拿著一張很大的壁報紙來畫，這就是我小時候最愛做的事情之一。不知道你聽完我這段往事，有發現我在這件事情上展現了什麼天賦嗎？

　　有人說是「觀察力」，有人說是「模仿力」，也有人覺得是「耐心」。正如一開始所說，關於天賦，我們沒有辦法很精準的去定義。所以，當你回想自己小時候最愛做的事情時，你給這件事情什麼樣的定義呢？

　　從這件事情上面，你看到的天賦又是什麼呢？你想到的任何一個特質，都可以把它套用到自己身上，因為天賦本來就沒有一個很精準的界定。就像我喜歡畫畫，我的天賦就叫畫畫嗎？我覺得不是，因為這當中還涵蓋了更多其他的隱性天賦。

　　有一天我正在家裡畫畫，畫了好多藍色小精靈，剛好有一位親戚來到家中做客，他看了就說：「你怎麼都畫一模一樣的啊？牠長這樣，你就畫這樣，牠手這個姿勢，你就畫同樣的姿勢，你就都畫一模一樣的嘛！沒有創意。」

　　當時還是小朋友的我心靈很脆弱，被親戚無心的一句話講到心裡很受傷，就此便與畫畫產生了間隙隔閡。

　　不知道你小時候有沒有過類似的經驗？當你正在做一件喜歡的事情時，卻被否定了，會不會讓我們原本喜歡做的這件

事，突然變得沒那麼喜愛了？既然好像沒有很厲害，那我幹嘛繼續做？

可能我小時候內心力量很脆弱，從那之後我就比較少畫畫了，但其實在這件事情當中，我發現了什麼天賦？我發現我是善於「模仿」的，可以看一個小圖，畫出一個長得一模一樣的大圖。

就好像有些人小時候可能喜歡唱歌，那麼唱歌這件事情也許真的是你的天賦，或是我們可以對唱歌再區分為音準、聲音特色或感動力等等，其實都可以從這些小細節中，慢慢發現你的天賦哦！

我在家裡很喜歡畫畫，但是在外面很喜歡運動，後來還參加了學校的田徑隊，只要每次學校要跑大隊接力，都會被指派去參加比賽，當時最喜歡的感覺，就是可以跟團體一起跑大隊接力時的氣氛，很享受在這種團體的氛圍。

尤其當我被指派到關鍵棒次，例如要搶跑道的棒次，或是衝刺的最後一棒，會感到自己被賦予重責大任，也享受最後贏得比賽的那一刻，整個團隊沉浸在歡聲雷動的氛圍裡，當時就很喜歡這種團隊合作、與人互動的感覺。

所以，關於這件事，我自己給它的定義是：我在自己身上看到的是「團隊合作」、「與人互動」和「競爭力」的天賦。

真正讓我感到興奮的是，藉由自己的努力，去激發自己和別人的潛能，這些時刻會讓我覺得自己特別有價值。這時我才發現，原來我是有天賦的，只是過去我搞錯了對天賦的定義。天賦不是神奇的能力，不是那些看起來很厲害、一定要和別人不一樣的東西。

　　天賦就蘊藏在你自然投入而熟視無睹的事情上，是你不由自主、理所當然去做喜歡的事情。這一件事情，對別人來說可能是工作，但對你來說卻是樂趣與喜愛。每當夜幕降臨時，別人長嘆一口氣：「今天的事情終於做完了。」而你卻期待著明天的到來——我可以把這件事情做得更好。

　　這一點點的差別看似微不足道，但把時間的變量放進去，長期的結果會產生驚人的差距。天賦不是絕對稀有的能力，但天賦是相對稀缺的能力。

　　跟大家分享了這些我個人的故事，但這是我個人的事情呀！跟你有什麼關係呢？所以，你可以再來思考一下這個問題：「你小時候最愛做什麼事情？」

　　回應到我前述所提到的，天賦難道只能被侷限於像是跑步或畫畫這種外在顯性的表現嗎？後來我發現，其實自己小時候喜歡與人互動，也屬於一種天賦啊！天賦不一定只表現在跑步或畫畫等才藝方面，也不一定要從才藝方向才能開始，就像我

喜歡與人互動，這也是一種天賦啊！

▍天賦一直都在

2019 年，參加禾禾商學院第四屆講師培訓結業時，我替每一位講師各畫了一張客製化書籤。我明明很久沒有提起畫筆了，可是那時候就很想為大家做點什麼事情，所以當時畫得很高興，很沉浸在那純然的快樂和享受中。

曾經聽過一個故事：兩條小魚順流而下，途中遇到了一條逆流而上的大魚。大魚說：「早啊！孩子們，今天的水怎麼樣？」兩條小魚禮貌性的為之一笑，繼續向前游。過了一會兒，其中一條小魚問同伴：「什麼是水呀？」牠們已經視水為無物，渾然不知自己就身在其中，天賦就是這般讓你渾然不覺。

正如孔子所言：「知之者不如好知者，好知者不如樂知者。」

可是其實我也只是在「模仿」，我真的一直在運用模仿力這個特質，我也只會畫在網路上搜尋到的圖案。雖然小學時被說只會畫一模一樣的圖案，這次經驗又讓我把模仿的能力拿出來運用，當時只是很興奮的想要做些什麼事情，根本不會去思考太多。

回過頭來看，模仿能力不就是我的一項天賦？所以我想要告訴你的是：「**天賦，其實一直都在，不曾離開。**」

　　有些人可能小時候喜歡唱歌，但現在不再唱了，可是關於唱歌這件事，你自己看到的天賦是什麼？其實這個天賦一直存在你的身上，你本具足，至於有沒有在使用，那又是另當別論了。就像我在這個事件中，才又把模仿力拿回來運用。

　　當然你也可能一直在使用你的天賦，只是你沒有意識到而已。也許你可以試著透過我這個案例去思考看看，我們現在做的某些事情，是不是也跟我們小時候愛做的事情是有某些連結的？在這當中的重疊處和小細節，絕對都是讓你看見天賦的地方。

　　絮絮叨叨說了一大串，不知你明不明白我為什麼一直要講我自己的例子？其實還滿猶豫要不要一直以我來當案例，因為我覺得我就只是我，和你有什麼關聯？而你可能也會覺得，我的事與你何干？我單純想透過自己成長的歷程來讓你知道，其實我們都是一般人，一般人可以如何去看見蘊藏在自身的天賦？所以，請容我再分享一下我中學時期最愛做的事情。

　　中學的時候，隨著年齡漸長，所以老媽開始會讓我們拿較危險的工具，像是菜刀，她會比較安心讓我使用菜刀。當時有一陣子，我還滿瘋狂的在廚房裡學切菜、煮菜，當時很喜歡切

菜，像是每次切蔥的時候，就會想要比上一次切得更快一點、更細一些。

有一天家裡需要宴客，在賓客到來之前，我在廚房幫老媽切菜。這時有一位客人先來了，他走到廚房看到我在切菜，就對我說：「還滿厲害的嘛！還會幫忙媽媽切菜……」這時老媽順著接了句話：「對啊！以後要當總舖師……」同時間，這位客人回了老媽說：「沒那麼厲害啦！哪有這麼厲害，當什麼總舖師，她還沒有到那個程度啦！」

你看，我小時候就一直被否定。從我畫畫的時候被說我只會模仿，然後我在切菜也不行，就說沒這麼厲害。

我為什麼想要分享這個例子？不知道你小時候有沒有過這種經驗，其實我們本身可能以前很享受在做某件事情上，可是因為某個事件，就像我可能因為這兩個否定的事情，然後我們就跟自己的天賦慢慢失去了某種連結。

這裡想透過我的這些經驗來和你一起思考：「我們身上是否也有類似的案例呢？」這些案例都是可以讓你看見身上的天賦特質哦！我們只需要透過新的視點，仔細「看見」。

那時候我喜歡幫老媽切菜，到後來還可以幫忙炒菜。一開始很喜歡煎荷包蛋，後來還會去發明一些創意料理，把蛋白跟蛋黃分別料理等等，所以我很享受那段時光。關於做菜這件事

情，我自己給它的定義是，能夠煮菜給家人吃，所以我有「給人滿足」的天賦。

在分享小學的經驗時，有提到我喜歡運動。國中時，大家都在打籃球，那時候我也很喜歡和大家一起打籃球，只要一下課就去操場打球。運動能讓我流汗、讓我健康，但這些都不是我最在意的，我內心感到最滿足、最快樂的，一樣就是我能「與人互動」這件事。

透過「你小時候最愛做什麼事情？」這個問題，我發現原來我從小開始，在與人互動時，都很享受在當下的那個氛圍。

你在中學的時候，最愛做什麼事情呢？是談戀愛？還是看少女漫畫或小說？別小看這些事情，這些事情裡絕對都蘊藏著你的天賦。例如：你有沒有思考過，為什麼你會喜歡看少女漫畫或小說？這有沒有可能是你「想像力」的天賦？而你也可能會有「感性浪漫」的特質，這些都是很有可能的。所以你一定可以從你最喜歡做的事情當中，看見你自己的天賦。

天賦，它有跡可循！

天賦無所不在

讀到這裡，會不會有人想說：「我想不到自己小時候最愛做的事情……」如果你的回答是：「對！我真的想不到……」

那怎麼辦呀？

　　想不到小時候「最愛做」的事情，那總有小時候「會做」或「曾經做」的事情吧？例如你會幫忙做家事嗎？或是你在學校曾幫老師或同學的忙嗎？在這些事情當中，是不是也可能蘊藏著你的天賦呢？

　　我有一個朋友，他小時候家裡開雜貨店，父母會請他幫忙送貨、結帳或招呼客人。這些也許不是他小時候最愛做的事情，但卻是那時候的他真真實實在做的事情。

　　有沒有可能可以從他很會招呼客人中發現，原來他是一個「口齒伶俐」或「能言善道」的人呢？或是他很喜歡出去送貨、送米或送醬油，而這也許會是他的另一種天賦，因為可能帶著「勤快」或「活潑好動」的天賦特質。

　　另外，我家的家庭成員較多，老媽從小就幫我們小孩子一人分配一種家務事。從小我就不喜歡會把手弄髒、弄溼的工作，所以像洗碗這種家務事，老媽就不會把它分配給我；弟弟從小就喜歡到處亂跑，老媽想說既然他愛到處閒晃，就分配他每天出去倒垃圾，等待垃圾車的時間，讓他有機會可以放風一下；老妹從小做什麼事都能讓人安心，也很貼心，什麼家事對她來說都很拿手，安排什麼工作給她都行。

　　這些家事不見得都是我們小時候最愛做的事情，但卻蘊藏

著自己尚未看見的特質。小時候的我們並不了解這麼多，可是老媽卻很了解我們。

有時候也可以從他人的回饋中，了解自己身上存在著哪些特質，這些特質其實也都與我們的天賦緊緊相扣。

有些人家裡是務農的，每當農作物要播種或採收的季節時，都需要到田裡幫忙。老爸、老媽那個年代，成長環境沒那麼優裕，加上外婆較早仙逝，老媽平常除了要忙田裡的事，還需要照顧年幼的弟弟們。像她這種情形，從小哪有辦法去思考「小時候最愛做什麼事情？」這種問題，因為她連生活都不容易了，做家務事的時間都不夠了。

不知從何時開始，在殘酷的生活逼迫下，我們漸漸失去了自我，個性慢慢消失，每個人的行為卻越來越相似。如果自己或是周遭朋友的案例類似上述，我們可以如何引導自己或他們看見自己的天賦呢？

如果你看過《哈利波特》，一定對那件神奇的隱形斗篷印象深刻吧！只要披上斗篷，其他人就看不到你。天賦就像被這件斗篷遮住了一般，明明近在眼前，我們卻怎麼也看不見。

拿掉隱形斗篷吧！就像老媽當時要照顧兩位年幼的弟弟，

這件事對她來說就像隱形斗篷一樣，在生存壓力的緊追不捨下，讓她不能直視自己的天賦。當她把隱形斗篷脫下後會發現，原來她身上蘊藏著「照顧他人」的特質，更是個「全面性奉獻」的人，除了要照顧幼小，也要協助農務、整理家務等。

以前的年代，沒有什麼必要去了解自己的長處，因為一個人的出身就決定了他一生的地位和職業，就像農民的兒子也會當農民，工匠的女兒會嫁給另一個工匠。

但是，現在人們有了選擇，我們需要知己所長，才能知己所屬。因此，我們都可以從自己小時候到此時此刻所做過的任何一件事情中，去看見自己的天賦。

我們可以試著問問自己：「從小到大，我曾經做過哪些事情呢？」如果這個問題的範圍太廣，也許可以試著從不同面向去思考，例如：「從小到大，讓我做起來最有成就感的事情是什麼呢？」試著從這些問題當中，去看見自己的天賦。

天賦，無所不在！你，看見了嗎？

▍冰山下的隱性天賦

一座漂浮的巨大冰山，其中露在水面上的部分大約只有八分之一，另外八分之七的山體藏於水底，暗湧在水面之下。水平面以上的冰山是看得見的，水平面以下的冰山是看不見的。

一般來說，我們看見的冰山都只是冰山一角，正如一般人所知曉的天賦一樣。人們所知道的那些天賦，實際上都是顯性的，稱為顯性天賦，譬如在數學、文學、藝術或體育等領域中特別傑出，超乎常人的天賦。

　　人的天賦恰如一座冰山，我們能輕易看見的只是表面上的「顯性天賦」，而更大一部分的「隱性天賦」卻藏在更深層次，不為人所見。

天賦＝顯性天賦＋隱性天賦

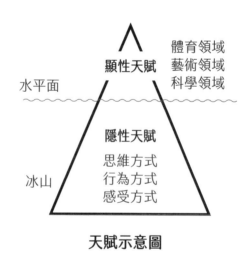

天賦示意圖

天賦可以分為顯性天賦和隱性天賦兩種。

顯性天賦是一眼就能看到的天賦，是一般人顯而易見的、為人熟知的，比如容貌、身高、興趣愛好或才藝等等，可以在體育領域、藝術領域或科學領域中被看見。例如你很會唱歌、跳舞，或很會畫畫、運動等等，你的顯性天賦可能就是這些。

顯性天賦就是某個領域或事物裡具備天生擅長的能力，可以在同樣的經驗或沒有經驗的情況下，優於常人的成長速度，而且具有獨一性和特殊性，像是眾所周知的科學家愛因斯坦、音樂家莫札特、藝術家梵谷、籃球明星麥可喬丹等等。

很多人認為只有達到某領域裡的天才或領袖，才能算得上是有天賦。很多人會覺得自己實在太普通了，所以自己身上沒有任何天賦，這就是對天賦最大的誤解，因為還有另一類截然不同的天賦，稱為「隱性天賦」。

一般人不一定都擁有像數學、藝術和體育這樣的顯性天賦，但每個人都有隱性天賦，這種天賦是被大多數人忽略的，但它確實存在於我們每個人身上。它們也許不能在音樂、繪畫、數學或運動等方面表現出來，但它們就像影子一樣如影隨形，常常在我們的思維、行為和感覺中自然而然的表現出來，它表現在我們如何思考、如何行動以及如何感受上。

隱性天賦不一定能在第一時間看出來，可以透過挖掘喚

醒，是隱藏在人們身上的能力，比如以下這些例子。

　　有人看到各種文章和資料等，除非有確鑿的數據和事實依據，否則他會保持懷疑的態度，而這種被稱為「分析」的能力，就是一種隱性天賦；有人喜歡探索哲學和抽象性話題，善於探索自我和內心世界，喜歡不斷思考，而這種被稱為「思維」的能力，就是一種隱性天賦；有人可以看到每個人身上的獨特之處，並且會因為人與人之間的不同而感到喜悅，而這種被稱為「個別性」的能力，也是一種隱性天賦；有人能夠敏銳感知到別人和自己的情緒和情感變化，而這種被稱為「靈敏性」或「體貼」的能力，也是一種隱性天賦。

　　無論身處電梯、飛機、商店或其它什麼地方，有人都能快速、輕鬆和愉悅的與陌生人交談取得聯繫，輕鬆拉近和別人的關係，並且取得他們的聯繫方式，而這種「與人交流」的能力，也是一種隱性天賦。

　　閱讀，讓人充滿了好奇心，讓人「喜愛學習新事物」，不論閱讀內容為何，這能力也是一種隱性天賦，一直在牽引著你。多年來，它讓人學習的領域增廣，一直保持著好奇和探索的欲望，而且從來沒有因為年齡的增長而減少。

　　也正如我先前提到自己畫畫時用到的「模仿力」，或是關於老媽在孩提時「照顧」年幼弟弟們的這些例子，這些能力都

是隱性天賦。

　　隱性天賦的概念是什麼呢？以前我看著那些在臺上唱歌跳舞的小朋友，都會很羨慕，接著就會感嘆自己沒有藝術天賦，覺得自己很平庸。但後來我終於知道，自己身上也是有別人在外表上看不到的天賦，才知道這叫隱性天賦。這些隱藏在細節裡的天賦，需要我們自己用心去看見、去發現。

　　關於隱性天賦，透過以上的說明，將它分為下述三種：一、思維方式；二、行為方式；三、感受方式。

一、思維方式的隱性天賦

　　就像有些人覺得自己不喜歡衝突，於是練就一身溝通協調的好本領，善於在不同部門或群體間達成共識，並於最終去實現他想實現的目標。這就是他的思維方式，所以從這個思維方式裡面，我們可以看出他的隱性天賦。例如說他不喜歡衝突，他的天賦中帶著一種和諧的概念。

二、行為方式的隱性天賦

　　有些人主動積極，說做就做、言出必行，行動感染力很強。有些人總是能看到別人身上的潛力，並且願意幫助他人成長，就像東方心理學的創辦人游祥禾老師，就是其中的一位代

表人物。或像先前與大家分享的例子，我小時候喜歡畫畫、善於模仿，那模仿力對我來說，就也是一種行為方式的隱性天賦。

三、感受方式的隱性天賦

　　有一些人很注重細節，並善於同理和包容他人的情緒。就像禾禾商學院的每一位心理諮詢師一樣，當與來訪者諮詢的時候，我們就需要注意到來訪者與我們對話當中的各個細節感受，並在這些細節感受當中，去包容和同理他。

　　以上這些都是隱性天賦的概念。本書中透過七個問題，揭開冰山底下隱而不見的祕密，主要就是要探討如何看見隱性天賦。我們所追求的天賦特質不是遙不可及，而是早已跟我們同生共存，不需向外尋求，只需向內看見。

　　想要看見自己的隱性天賦，就需要多在日常生活中觀察自己。從習焉不察的事情中，觀察自己如何處事、如何與人相處，以及如何思考的。

　　人類發展的下線是由努力程度決定，人類發展的上線天花板將由天賦決定。看見自己的天賦，並在對的方向上努力，這樣才更能出類拔萃，達到卓越或者成為頂尖人才。

　　每個人都有天賦，只是大部分時候自己沒有發現罷了。就好像世界上沒有完全相同的兩片葉子，同樣的，世界上也沒有完全相同的兩個人，每個人都是獨一無二的，每個人都有自己專屬的天賦。

　　一個人的興趣愛好，往往蘊藏著自己的天賦，很多人會把自己的興趣愛好當成天賦，但興趣愛好並不完全等同於天賦。因為人的興趣會受眾多因素影響，像是家庭環境、父母生活習慣、不同的老師和玩伴等。例如我們讀小學時，很容易因為某個老師而喜歡某個學科，然後成績也會好一些，但這跟天賦可能沒有直接關係。

　　其次，人的興趣愛好也會變化，今天可能喜歡音樂、舞蹈或繪畫，明天又對踢球、唱歌或跆拳道感興趣，這些才藝不一定是天賦，隱藏在這些才藝中的思維、行為或感受方式，才是隱性的天賦。除了顯性天賦外，我們身上還有很多隱性天賦需要我們去看見、挖掘和喚醒。

　　我毫不猶豫的相信，每個人都有自己的天賦，任何時候都可以去探索和發現，問題在於，你也要相信，即使你看起來並不出眾、平淡無奇，但你卻是帶著獨特天賦來到這個世界的。

▎天賦就蘊藏在純然的快樂和享受中，等待你的看見

天賦是我們與生俱來就擁有的，然而天賦並非全是顯而易見，而是需要一點耐心來探索與看見。**小時候最愛做的事情，它可能是距離我們天賦最近的 DNA，這些事情可以帶我們找到揭露天賦的線索。只要你願意，我們每一個人在任何時候，都可以探索和看見自己的天賦。**

因為某種原因，我們可能跟小時候喜愛的事物失去了聯繫，而這失去，不僅僅是與熱愛的事物失去連結，更遺失了小時候單純的快樂與享受。本書透過「你小時候最愛做什麼事情？」這個問題，與你一起重新去感受和體會小時候的那個「感覺」，尋回那遺失的美好！

小時候在做喜歡的事情時，並非全然想獲得認可或讚賞，也不單單只是為了想打動父母或老師，更多時候是因為它帶給我們純然的快樂和享受。

長大後被告知、被教育成了我做的事情要有回報才肯做，做事的原因是要有所報賞，沒有回報就不做了。

成年人把人生活成了一種演算法，當生活演算法崩潰之後，我們只能做別人想做的事情，並讓外部力量、讓其他人來確立自己的身分，包括工作、追求的理想或關心的話題等等，我們已不再是透過真正的喜好來決定自己的生活。當追求的一

切沒有達成時，就會感到失望，感到難受，這個社會開始教會我們什麼叫窒息，我們開始陷入了迷惘。

史帝夫・賈伯斯曾在美國史丹佛大學的畢業典禮演講中提到：「有些時候，生活會拿起一塊磚頭，向你的腦袋上猛砸一下，不要失去信仰。我很清楚，唯一使我一直走下去的，就是我做的事情令我無比鍾愛。你需要去找到你所喜愛的東西，對於工作如此，對於你的愛人也是如此。」

我想，對於我們生活上的一切更是如此。

天賦其實就是我們每個人的天分，雖然發掘它的過程需要一點時間，但不管什麼時候，一旦它被發掘看見，你的生命會開始在那個點上發光。正如賈伯斯的人生格言：「追隨內心，做我所愛。」找到自己喜愛的事情，如果還沒有找到，請繼續尋找，別停下來，你總會找到的。

為何追隨自己的內心、做喜歡的事情如此重要？**因為每個人內心最深的渴望，往往是其天賦所在。**人生中，只有找到自身的天賦，發揮自身的優勢，才可能熱愛自己的生活。興趣是最好的老師，做那些自己喜歡的事情的人，經常能夠進入一種忘我的狀態，並且能夠發揮出最大的創造力。

每一個人都有自己專屬的天賦，然而要找到並發揮出來卻非易事。有時是因為我們太習慣去補齊短處，看不見天賦的存

在；有時則因為天賦隱藏得太深，難以發覺；有時甚至藏在我們討厭的特質裡，視而不見。

享受做喜歡的事情的這個過程，代表的是生活帶給我的一種充實感。你現在正在做的某件事情，除了純粹的快樂和享受外，是否也為你帶來充實感呢？

從開始探討「你小時候最愛做什麼事情？」這個問題到現在，雖然我分享的多半是個人的經歷，但相信你在回想專屬於自己小時候喜歡做的事情時，它帶給你的感受絕對是一種純然的快樂和享受，而這將能讓你再次看見人生熱情的開始。

為什麼要看見天賦？當你看見自己的天賦之後，就會知道自己現在就是在做一件很單純的快樂與享受的事情，會覺得人生的熱情才正要開始呢！

看見自己的天賦只是第一步，第二步還可以進一步思考，怎麼把天賦發揮出來。天賦並非才能，不能給你帶來競爭力。例如：你天生就有一副好音嗓，但從來沒有唱過歌，你的天賦就是被埋沒了，需要花時間和精力去打磨它，讓它成為能力才行。所以**我們不僅要看見天賦，還需要尋找到施展天賦的機會，刻意練習**。

在一個安靜的午後，我待在一個小房間，自己在那裡開心的做著喜歡的事情，我發現，我獲得的不僅僅是純然的快樂和

享受，同時還讓我找到另一樣東西——熱情。

你是否曾經體會到自己「消失」在某個經驗中？你做自己喜歡的事情，身邊的世界似乎就離你而去。過了幾個小時，對你來說好像只過了幾分鐘，當你處於這種神馳狀態，此時刻就是你人生熱情的開始！

接下來，就讓我們一起透過本書的第三個問題，來與你探討這個熱情的時刻：「是什麼讓你廢寢忘食？」

Q3 是什麼讓你廢寢忘食？

導師：胡靖韋

看見自己的天賦，從看懂自己開始，
2018 年起和游祥禾老師學習東方心理學，
透過學習讓我看懂自己的人生使用手冊，
展開與人諮詢，
幫助他人看懂自己的天賦，
獲得更進一步的成長，
天賦沒有這麼難，
本來就是天生擁有，
只是我們不懂要如何去找尋。
希望透過此書，
能夠協助你了解自己的天賦特長，
提升內在動力與價值，
成為更好的人。

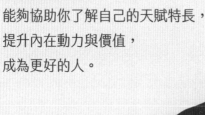

現職：

- 禾禾商學院共同創業
- 東方心理學認證講師
- 英國 CIP 國際認證講師
- 英國 CIP 國際心理諮詢師
- 英文能量姓名學
- 企業培訓產業 / 創業年資 15 年

▍廢寢忘食中找到天賦

有一個小男孩，從小就對音樂特別敏銳，只要聽過別人彈完一首曲子，就可以直接彈奏出來。男孩和他媽媽都發現，他對音樂有一種天生的敏感度，於是鼓勵他開始學習音樂，這就是一種天賦。其實天賦很容易發現，哪怕只能彈出三、五成，也是一種天賦。

英國大文豪威廉‧莎士比亞曾說：「無論一個人的天賦如何優異，外表或內心如何美好，也必須在他德性的光輝照耀到他人身上發生了熱力，再由感受他熱力的人把那熱力反射到自己身上的時候，才能體會到他本身的價值。」

男孩從鋼琴、大提琴開始學習，也學了許多樂理，還有音樂史，漸漸對更多的樂器產生了興趣，整個人沉浸投入在音樂的世界裡，學到廢寢忘食，從此他的世界裡只有音樂。

‧ 勇敢的選擇

男孩專注在音樂上的學習，得到媽媽的全力支持，全心專注在音樂上，從小到大除了音樂，其他科目的考試幾乎都是紅字不及格，在傳統的社會價值觀中，曾經被老師認為有學習障礙，但他仍不為所動，勇敢選擇自己的最愛。

英國文學家查理‧金斯萊曾說：「天賦每個人都有，誰發

人造

揮自己的天賦，誰做事就得心應手。」

這位男孩在升學路上並不順利，儘管人生似乎不那麼順遂，但他對音樂的熱情絲毫沒有減弱，持續投入在音樂中，他媽媽也大力幫忙，在因緣際會下進入了一家唱片公司。

但是他的思維總是和別人不太一樣，他所譜的詞曲，很多人都反應無法了解也不能接受，當他老闆把他的歌拿給一些歌手選擇時，常常都被狠狠的拒絕，甚至說這麼奇怪的旋律不會紅，導致在唱片公司有段時間，他被晾在一旁，只能做些打雜的工作。

· 危機就是轉機

直到有一天，老闆語重心長的跟他說：「你寫的歌曲旋律太奇怪了，一直都沒有人要你的歌，我給你十天的時間，如果你能寫出五十首歌，並且通過我的認可，我就從中挑出十首，幫你出一張唱片！」

最後他在十天內完成了五十首歌，而且每一首歌都譜得合情合理，老闆感受到這年輕人的拚勁，於是真的從中挑選了十首歌，幫他出了一張專輯。

．璞石磨成鑽石

最後唱片公司老闆說：「哎呦！這小子好像是真有那麼一回事，有這樣的才能跟天賦。」

沒想到當唱片發出去的時候，從此他一炮而紅。是的，他就是周杰倫，他的老闆就是吳宗憲。

想一想，如果你是這位男孩，你會接下這個挑戰嗎？十天寫五十首歌，你會有怎麼樣的感受呢？十天內要寫五十首歌，可能性有多大呢？

想想在你的工作範疇中，如果有某一件事情要做五十次，比如十天內要寫五十篇文章、講五十堂課、提五十個專案、開五十次會議，如果在這樣的時間壓力下，你還能完成這項任務，就是天賦以外更重要的事情，「興趣」、「熱情」、「專業」的結合，男孩就是有這樣的決心，最後在十天內完成五十首歌，那你呢？

甘願為他受苦到甘之如飴

．跨越一步的勇氣──日本登山家栗城史多

《跨越一步的勇氣》是日本登山家栗城史多的書，這樣的勇氣說起來很容易，做起來卻很有挑戰性，從講到執行的過程中，會陷入很多的思考和掙扎。有一年，我擔任他的論壇主持

人，在演講前我和栗城史多聊了一下，我問他是怎麼做到「跨越一步的勇氣」？在我心裡，他絕對是史上最勇敢的登山家，他說他也是普通人，只不過花了很多時間，用身體力行去將想像的畫面，勇敢跨出那一步的實現它、完成它。

栗城笑笑的告訴我：「你知道我是宅男嗎？」

他告訴我，他女朋友曾經是他的世界中心，她開出結婚對象的條件是要有車、要上大學、要是公務員。她是一位喜愛大自然和登山的女生，栗城也盤算了一下自己，生活在北海道要有車合理，大學有沒有畢業栗城個人沒有感覺，但也沒有什麼不好，然後栗城也嘗試加入大學登山社開始爬山。

再來就是公務員了，儘管他實在不太想當公務員，不過為了愛，為了她，栗城願意考公務員，所以他廢寢忘食的開始努力，也花光積蓄買了一輛小車。

就在一切都順利的時候，她向栗城提出分手，她居然連一眼都不看他，就和栗城說：「我跟你交往的這兩年來，其實都沒有很喜歡你，我們分手吧！」

被女朋友狠狠拋棄後，栗城足足在家躺了一個多星期，不吃飯、不做事，一直躺在床上哭著不想起床。後來栗城想想不能再這樣了，才勉強的爬起來，當他掀開床單的時候，自己嚇了一跳，想不到床單下居然有一團人形輪廓的黑色黴菌，當下

的栗城心想，這也太扯了吧！

★ 覺悟的那一瞬間

栗城看著那團發霉的人形輪廓，瞬間「覺悟」了，人生不應該只有這樣，他要「跨出那一步，找回勇氣」。栗城也分享，後來藉由一次又一次的登山過程中，如何從沒有人生目標的青年，磨練出他努力不懈的意志力，從而找到自己的人生目標與夢想。

他告訴大家，**夢想與實踐同樣重要**，栗城回想他在海拔7000公尺的高山上時，光是要呼吸和活著就感到很痛苦，但同時也感受到自己確確實實的活著，他正朝著夢想前進，並且深信著：「成功的相反並非失敗，而是什麼都不做。」

我們人生的任何一刻也是一樣，到底是什麼讓我們遲疑了？到底是什麼讓我們退卻了？也許當你找到能讓你廢寢忘食的那個時刻，你就會鼓起勇氣用力跨出去，你將會看到更廣大的視野。

★ 和我一起共享冒險

栗城史多曾經的廢寢忘食，是想要滿足女朋友的條件，但是這次的廢寢忘食，則是想要和人們分享生命。在他登山的經

歷中，他成為一名逐夢踏實的冒險家、登山家，他成功的透過衛星直播，帶著人們完成「共享冒險」，栗城認為：「**冒險家與登山家的真正使命不是在創造紀錄，而是在給予人們勇氣與感動。**」

2018 年 5 月，他第八次嘗試挑戰聖母峰登頂，然而不幸最後就留在了 7000 公尺的山上，再也回不來了。栗城的父親表示：「對兒子來說，比起交通意外，相信殞命在心愛的聖母峰，對他來說是更幸福的事。」

謝謝栗城史多帶給我們的生命故事！

在栗城身上，我看見了「堅持」、「委屈成全」、「不服輸」、「覺悟」、「行動」、「共享冒險」，他有遇到挫折嗎？**他總是遇到挫折，但他絕不放棄，這就是屬於他的廢寢忘食到甘之如飴。**

· 反正做夢又不用錢，用力夢吧！——高球天后曾雅妮

★ 我不會永遠世界第一，但我也不可能一直這麼差

我只能專注在這個當下、過去和未來，再怎麼想都無法輕鬆達到別人的期望，當很多人質疑你的努力跟實力，自己千萬不能被影響，要勇敢做自己，不需要成為別人想像的你。有趣的是，當你以為人生沒有辦法更糟了時，結果還會更糟，這就

是人生。

　　很幸運的在一次機會下，遇到了高爾夫球天后曾雅妮，她分享從五歲愛上高爾夫後，爸爸就讓她開始參加比賽。她謙虛的說，她常拿冠軍是因為當時高爾夫球比賽的女生不多，所以競爭對手比較少，因而常常拿到了冠軍。幾次嘗到了冠軍的甜頭後，得到很大的成就感，她就更全心的投入在這項運動中。

　　曾雅妮的爸爸在她八歲時，就開始幫她請了教練，每週一到週五的晚上，都要到練習場練兩小時，週末再到球場打九洞、十八洞。十二歲開始，每年暑假都會讓她出國參加比賽和各種培訓。

　　後來當她到了美國發展，除了原本的技術之外，還擴充了體能上和心理上的訓練，她提到：「運動員到後來，其實有70％都是和心理活動有關。」這一路上除了專業的培訓外，父親從小給她的某種壓力教養，也成為她抗壓能力強很重要的一環。

　　她很客氣的說，拿到世界冠軍是實力也是運氣，然後在巔峰後掉進了低潮，該怎麼去面對，那時她說：「現在她也許還在低潮，但是她已經準備好了。」

　　這句話讓我覺得她已經從墜落中長出翅膀，準備好再次達到巔峰，在她身上看到這股自信，終究會再重返榮耀！

我問她怎麼一直持續在這個運動中？她說贏得比賽的那個時期，都會很主動、很認真的自主訓練，就像有一股動力，讓她主動去做這些事情。還有一件最重要的事，就是要好好做夢，不是睡覺做的夢，而是擁有夢想。

她說：「**做夢又不用錢，幹嘛不做！**」那時候她才十二歲，就許下願望決定要拿到世界冠軍！

很多人也都只是笑笑，一個小妹妹雖然打得不錯，但世界冠軍不是用嘴巴講講就好，專注夢想的她，並沒有理會別人說的，並持續堅持往她的世界冠軍邁進，果然在二十二歲取得高爾夫球女子世界冠軍，並且打破了老虎伍茲的紀錄。

★ 所有的時間都是值得的，撐過就是你的

曾雅妮用她的故事，分享廢寢忘食除了在運動的投入外，還需要往自我內在探索，她告訴我們：「人因夢想而偉大。」謝謝這麼棒的臺灣之光，我們非常期待她的再次出擊、再創巔峰！

· **樹上看見的世界——文青攀樹師鴨子**

這幾年有一個新興行業和運動叫「攀樹」，翁恆斌是「攀樹趣」的創辦人，人稱文青攀樹師——鴨子，也是臺灣第一位

攀樹師。他出了一本書《樹上看見的世界》，我覺得他是一位非常能代表廢寢忘食的人（瘋子），一定要和大家分享。

★一種理所當然的決心

　　曾經有一陣子我和鴨子一起工作，我發現他對於自己喜歡的東西，會花時間去研究、專精、學習，他熱愛攝影大自然，常常看到他分享攝影作品，我問他怎麼拍的，他說：「就自己一個人去拍，把繩索、設備架設好，就上去開始拍照。」

　　你能想像嗎？為了拍攝，鴨子不分日夜的一個人走進深山林裡，其實一般人要做這樣的事情，真的有很大的困難，他的投入，讓我感覺有一種理所當然的決心。

★瘋狂投入

　　自從鴨子開始攀樹人生之後，他經歷了四個階段：

1.　**瘋狂練爬期**：再有天賦的人，也要透過更大量的練習，熟悉技術。

2.　**高度迷戀期**：開始找尋各地方的大樹，要攀上樹時當然會恐懼，沒想到這份恐懼在大腦中會產生多巴胺，形成一種「興奮感」，所以戰勝恐懼後，就更加迷戀上攀樹了。

3. **樹種收集期**：沒想到收集樹種變成了一種找尋真愛，
   各種樹種的攀爬體驗，逐漸加深了經驗和技術。
4. **探索磨合期**：除了攀樹之外，還可以發展攀樹休閒、
   修樹、樹冠調查、樹屋搭建、空拍機拯救、森林治療
   等，不過最重要的是，和自己對話的反璞歸真。

★玩也可以玩得專精

　　認識鴨子很久，我們曾經一起支援《MIT 臺灣誌》節目，
還入圍了金鐘獎行腳類最佳節目，一起和麥覺明麥大哥走了一
回金鐘獎紅地毯。

　　知道他對於學習的動機是出自「好玩」，但現在的時代
不同了，玩也可以玩出一片天，玩出競爭力，鴨子這種廢寢忘
食的精神，達到專業的極致，「**追求卓越，成功自然會追著你
跑**」。

　　一項專業一定是透過長時間的累積，你是否有什麼事情是
願意長時間投入呢？在這過程中，也許會經歷挫折、不認同、
被取笑，但鴨子不為所動的一步一腳印走過，完成了他現在的
理想。

‧ 禾禾商學院東方心理學創辦人——游祥禾老師

★一旦定義，就會帶來意義

2018 年，我在人生中有點卡關，面臨了前所未有的低潮，透過「天下英文教母」黃心慧老師的介紹，我認識了這輩子最重要的貴人——游祥禾老師，一開始游老師用《東方心理學的人生使用手冊》和我對話，讓我感到很驚訝，老師雖然只是輕描淡寫，卻字字精要打中我心，他那時候和我說了一句讓我這輩子都忘不了的話，他說：「**試著重新定義，會帶來不一樣的意義。**」

瞬間我那僵化的腦袋，好像就這樣被鬆開了。

★研究家精神

後來我開始學習東方心理學，很幸運的跟在游老師身旁，老師是從東方玄學命理開始，但是他自己不能理解的是，為什麼很多命理的對話語言都相對決斷，難道沒有其他的可能性，還是只能落入一切都是命嗎？

游老師為了滿足更多的好奇心和疑惑，持續與人對話，還進修心理學的課程，目前是廣東省華南師範大學應用心理所博士班學生，相繼取得了英國 CIP 國際高級心理諮詢師、美國聯邦政府國際心靈管理師、美國聯邦政府國際心靈治療師、中國

二級心理諮詢師，同時也是禾禾商學院、東方心理學創辦人，
這就是老師的研究家精神。

★ 生命教育的推動者

　　每次看到老師對話，都覺得為什麼他總是能深入人心，
老師擅長研究慣性領域與行為結果，結合西方心理學與東方玄
學，自創出「東方心理學」，學生遍及世界各地。教你看懂內
在動機（想法），重新設定認知、修正行為，啟動成功模式
（結果）。

　　老師對於傳遞正向能量及闡揚中華文化思維充滿熱情，累
積一對一諮詢的人數達七萬多人，聽過他演講的人數超過百萬
人。與時俱進，結合社會學、統計學、神經學以及現代人類心
理學，條理清晰，輕鬆易懂，風格詼諧幽默，深具個人魅力。

　　我在旁邊觀察到，老師就是很想幫助人，想要幫助他人找
出問題解決的方法，我們時常會聊東方心理學和與人對話的過
程，一聊就是一整夜，就是想要找到某種合理的角度，為生命
找到一個適合的出口，幫助需要幫助的人。

★ 不合理就是怪

　　與人對話的過程中，從對話中發現一些不合理的地方，

這是老師對自己的訓練，找到語言和大腦之間的矛盾，以及各種解決問題的方式。哪怕要找很多資料，或是學習和自己領域不相關的事，不斷持續擴充自己的本質學能，無論是玄學、哲學、心理學、腦科學、神經科學、佛學、量子力學、語言學、社會學等各種類別，只要是能幫助解決這個不合理，就值得我們去擴充學習，這就是我常看老師廢寢忘食，持續為自己拓寬認知的邊界。

‧ 找回好久不見的興奮感

★曾經作過什麼事情讓你廢寢忘食？

　　興奮感來自熱情、新鮮、未知的體驗和期待，就像我們拿到一個新東西，小時候可能是變形金剛或是洋娃娃，長大之後變成了相機、手機、機車、汽車、房子、衣服、柏金包、鑽石……。你們是否有一種經驗，買到了很喜歡的東西，在還沒拿到的時候就很期待，拿到後的第一時間，一定急著開箱、分享、炫耀，先拍個上百張照片，然後晚上做夢也會笑。

　　但曾幾何時，隨著歲月消磨，當我們拿到一件新東西的時候，雖然是開心的，卻沒有這麼雀躍了。我們告訴自己，因為長大了，不用這樣的興奮，要成熟、要穩重、要長大，結果卻是抹滅心中的那個興奮感，對自己何等殘忍。慢慢長大後的

你，以為你越來越平靜成熟，其實是失去了一顆赤子之心。

★ 找回隱藏起來的興奮感
　　喚醒過去那個曾經因為棒棒糖而興奮不已的自己吧！
　　那麼要怎麼做呢？
　　1. 寫下曾經讓你興奮開心的事。
　　2. 試著重新嘗試一次。
　　3. 好好的享受。
　　4. 與人分享好消息。
　　保持在喜悅中，自然找回你的興奮感。

廢寢忘食的各種型態
・天賦就是這麼簡單，在生活當中領悟
　　在疫情之前，我常來回兩岸工作，大陸有一種橘子非常好吃，它叫「砂糖橘」，小小一顆，皮非常薄，像我這樣粗手粗腳的人，常常沒剝完就已經滿手橘子汁，小小的砂糖橘都爛掉了。但是我的同事就超強，除了順利剝完薄薄的橘子皮，還可以整顆皮不斷掉的剝好，這就是天賦，沒錯！就是這麼簡單的樸實無華。
　　天賦沒有那麼難，我覺得有時候大家把天賦神話了，是不

是因為坊間有很多關於天賦的課程，會讓你覺得天賦好像很神聖、好像很偉大、好像很遙遠，你一定要經過各種嘗試，最後才會發現原來自己有這個天賦，但是我想跟各位說，其實找到天賦沒那麼難。

以下這三種型態，是我在與人對話之後歸納出來的，只要你有碰觸到，就有可能是你的天賦，也就是從廢寢忘食中，帶你看見你的天賦。

一、興趣型態

★ 談戀愛型

為什麼談戀愛是興趣型的？我問過很多來諮詢的朋友：「談戀愛會讓你廢寢忘食嗎？」結果三十位朋友中，大家都不謀而合的回答當然會，感覺像是我問了一個很蠢的問題。

此時我會接著問：「那麼你們在談戀愛的時候會傳訊息嗎？」我看著他們的眼神，就知道我再度問了一個蠢問題。

我有一位同事，談戀愛的時候就是談到一個廢寢忘食，無時無刻都可以看到他在傳訊息。有一次我們出差，我看著他的背影，他就是一路拿著手機一直在傳訊息，從臺北傳到機場，再從機場傳到廣州，又從廣州傳到機場，再從機場傳回臺北，然後坐捷運也在傳。最後連我們看著他也看到廢寢忘食，還拍

了一堆他的背影作記錄。

這樣子就已經是進入一個廢寢忘食的狀態，這個狀態的背後，就有天賦存在，那是什麼樣的天賦？可能是傾聽、關心、貼心、堅持，試著先從這件事情中找到可能性天賦的存在。

★ 看電影、追劇型

我們身邊很多人都熱衷追劇，而每個人追劇的類型不同，有日劇、韓劇、臺劇、美劇、大陸劇或是電影。我們來講講電影吧！我是個超級愛看電影的人，每次看完電影，都忍不住想要馬上開個電影解析會或是討論會。

比如說我看了迪士尼的動畫《靈魂急轉彎》（SOUL），看完後我就想討論裡面的劇情，裡面有很多的細節，每個人物設定、這個劇情為什麼這樣轉折，或是為什麼他要講這句話、前面鋪陳跟後面發生的事情有什麼關聯、最後有什麼彩蛋……等等。在這樣的過程中，一次、兩次、十次、二十次，原來你在做「解析電影」這件事情。

我自己後來反思了一下，為什麼喜歡看電影這件事情，發現我喜歡分析劇情，喜歡分析角色，喜歡討論劇本，特別是對於劇情中的人物設定，和人與人之間的關係相處，非常感到興趣。這讓我驚覺一件事，那就是我喜歡觀察人與人之間的關

係，而這也影響我選擇了和人有相關的工作。

　　你知道嗎？「投入」這件事會兜回到自己身上，雖然不一定每個人都是這樣，但請你去思考，為什麼我會做現在這份工作？為什麼我現在會有這個興趣？為什麼我現在什麼都不想做？這一切都是有關係的，把這些你觀察到的東西記錄下來，當你堆疊起來之後，那個天賦就會浮現出來。

★ 做愛做的事情型

　　在我的同溫層中，有很多人喜歡閱讀，大家閱讀的類型也都不一樣，像我自己因為長期以來都是在創業，所以閱讀很多的商業書籍，無論是商業模式、領導、團隊帶領、30 秒識人術、如何溝通、業務技巧等等，我也很愛看漫畫，像是《鬼滅之刃》、《航海王》等。

　　每個人都擁有不同的興趣，有些人喜歡手作，有些人喜歡旅遊，有些人喜歡美妝、彩妝、時尚相關，這些都是屬於你愛做的事情，因為它可以讓你廢寢忘食，**廢寢忘食的定義是你感到快樂的**，通常快樂的背後更容易找到天賦。

二、專業型態

★管理、領導型

　　還記得我們前面提到，廢寢忘食不見得都是自己喜歡與否，而是在生活中必須要會、要懂。有些人擔任管理職，有人創業需要領導團隊，然而人不是天生就會管理，所以成為管理職的人，會開始學習管理相關的知識，或是領導相關的技能。有人也因為這樣，愛上管理和領導，深入去研究，如何領導好團隊，怎麼管理人，無論向上管理、向下管理或是願景管理。

★授課、講課型

　　我自己在顧問培訓產業，一名專業的講師要學習如何授課、如何表達、如何和學生溝通、怎麼設計課程內容，最後還要讓同學接收得到，甚至如何作好一份 PPT 都要學習，這都是需要花很多時間去訓練和培養的能力。

★專業技能型

　　有一種專業人士，他的生活只有工作，而且專注在工作上，當他回家的時候只想休息。這就是他的生活狀態，完全投入工作，久而久之，他們在專業技能上可以很深的去投入到廢寢忘食。

我遇過幾種專業型的人非常厲害，比如寫程式的朋友，他可以寫一整天，我看著他寫的程式碼說我看不懂，他只是淡淡的說：「你知道嗎？你現在看到這幾行程式，是我寫出的程式架構，可以把本來要寫 1000 行的程式，只要用 50 行就能搞定了。」

　　雖然我也搞不懂，但是他在講的時候，你可以看到他眼睛散發出光芒，他非常沉浸在這樣的樂趣和成就感裡面，你就知道廢寢忘食的樂趣，能夠為你找到支持你前進的一個動力。

　　還有個朋友本身是建築師，我膚淺的以為建築師只是畫圖、蓋房子而已，他居然還研究很多種建築材料，他說這是需要的，畢竟每一個業主的預算不同。

　　就拿「門」來說好了，一樣是門，卻有鐵門、銅門、鋼門、塑鋼門或是竹子做的門，各種材質的門都有，就要看業主的個人需求，提供業主所需的材料和報價。所以不一定是興趣才會廢寢忘食，有些人在專業上也是可是廢寢忘食，廢寢忘食的形態真的非常多種。

三、受苦型態

　　通常我們講快樂會讓你廢寢忘食，但是沒想到受苦其實也可以讓你廢寢忘食。

★ 失戀型

很多人失戀都很苦，搞得食不下嚥、廢寢忘食。我常常接到戀愛相關的諮詢，你看深陷在戀愛中的人，他們常常對於雙方的互動會有很多想法、很多心裡的情緒，讓他們非常痛苦，痛苦到廢寢忘食。

但這些事情的背後，其實也可以找到一些所謂的天賦，比如說，心思細膩、對表情觀察敏銳、對於聲音的表達敏感、相對容易同理他人的感受等。

★ 加班型

加班型的人，他們通常奴性較高，是愛加班的工作狂，像我自己就是。我從事的管理顧問、教育培訓產業，想想看你什麼時候才會有時間進修，是不是通常在假日和晚上下班之後？所以我們的工作時間，原則上就是在大家下班後和假日，要服務來上課的同學。

很多人以為我們白天就沒事，但白天需要規畫課程，要銷售課程，還要去開發，所以管理顧問、培訓業的工時比想像中更長。對我來說，意外的收穫是你覺得在受苦的過程中，其實默默不斷被磨練，最後學習到的東西非常多，只是當時可能不會想到有這樣的價值，後來發現這樣也可以累積出自己的

天賦。

　　我從來沒想過，一週居然可以提出十個提案，基本上我是能不提就不提，因為這個工作，被動的激發出某種天賦，這真是一件很瘋狂的事，沒想到原來受苦也可以去激發你的天賦。

★鍛鍊型

　　有些人是不停的鍛鍊，像羽球天后戴資穎，拿了很多的冠軍，她的狀態不是在練球，就是在去練球的路上。她從小就練羽球，一直練、一直練、一直練，幾乎沒有體會過一般學生時期的生活，只要下課時間、放假時間就是練球，所以她一直處於鍛鍊的日子當中。

　　但是她甘願受苦，一定是有看到背後動機，所以當我們找到一些關鍵價值，會翻轉很苦的這些想法，讓我們可以更加發揮自己的潛力。

▌廢寢忘食看見內在動機

　　請把這句話加進去「你的認知裡面」，在你遇到一些難過、受苦的時候，想起這句話就好！

　　因為我們在受苦時，你投入的是在情緒裡面，這個時候的你，不會想太多的東西，所以當你腦袋中有這個認知，把這句

話時時刻刻放在心上，常常去想為什麼我要做這件事，就會看到廢寢忘食的背後動機了。

· 挖掘內在動機

　　試問自己，為什麼會對這件事情如此的廢寢忘食？有一門新興行業，專門到客戶的家裡幫忙斷捨離，叫做「整理師」，我發現做這行的人，他們本身都有一些天賦，看不慣東西沒有收納好或者是雜亂無章。

　　我就有預約這樣的服務，我拍了我房間的狀況給一位叫「Ashlee 綺莉生活整理收納」的整理師，原本想說我的小房間不過就三坪大，整理起來應該還好，沒想到她說這必須花兩天的時間整理，她只看了一眼我拍給她的房間照片，就能立即判斷整理這個房間需要兩天，這就是天賦了。

　　原本我還想說自己來整理應該還好吧？然而當我開始整理了大概十分鐘後，就知道如果要自己在兩天內整理好是不可能辦得到的，因此我選擇直接放棄，後來請她來協助整理，厲害的是，居然只用了一天的時間，她就全部整理好了。

　　我問她為什麼想做整理師，她說：「因為真的很愛整理，喜歡看到環境乾乾淨淨，東西整整齊齊，所有的東西都有自己的專屬空間，讓環境可以非常舒服，當你要找東西的時候，因

為很系統化，東西就很容易找到，環境乾淨整潔，同時心裡也會跟著明亮起來。」原來她的內在動機，是想幫助人讓心裡更乾淨舒適。

圖為整理前（左）、整理後（右）的房間

┃廢寢忘食的階段

廢寢忘食有幾個階段，從裡面找到它的架構，包含「投入」、「專注」、「快樂」和「天賦」，為什麼會廢寢忘食呢？

一、廢寢忘食──熱情的甘願為它受苦

廢寢忘食，它會引起你的熱情，前面有提到「受苦」，就

是當你有熱情的時候，你就會甘願為它受苦。

我以前念開南商工的時候，是一位劍道選手，而劍道是一項冷門的運動項目，劍道選手其實非常辛苦，因為我們是赤腳在做這項運動，手握著竹劍、穿上護具，雖然看起來好像帥帥的，但是無論在練習或比賽的時候，你不知道你的對手會不會打擊到你護具上，有時候會直接打到手肘，讓手肘腫得很像小籠包一樣大。

還有在練習的過程中，腳底破皮不打緊，腳底板很容易起水泡，非常的痛，有時候水泡裡面還會長水泡，會有兩層甚至是血泡。我覺得最痛的地方是腳掌跟腳趾頭中間的交接處，那邊萬一磨破皮，真的會很想死。

但是我們渴望在比賽中奪得勝利，所以這些苦我們都願意接受。就是這樣不斷的一直練習，早上六點要到學校開始進行晨訓，練到學校廣播集合到操場朝會的時候，我們才會停止練習，回到隊室。

一直投入在練習的過程中，發現一件事情，即使再痛苦、再難過，受傷再怎麼多，正因為我們有熱情，甘願為這件事情受苦，因此連續三年都拿到了臺北市中正盃冠軍，以及全國賽第二名，得到了甜美的果實。

在你的生命經驗中，是否有什麼事情讓你甘願受苦？很多

人為了完成他的某種夢想或是專案，不管是熬夜也好，甚至是負債也要完成。

二、投入刻意練習

我們來思考一件事，除了讓你廢寢忘食之外，還要能甘願受苦，此外，如果想讓你的天賦往下一個層次走，就必須要「刻意練習」。

現在人的學習幅度都是廣而不深，如果你能夠深度練習，刻意練習投入其中，相信我，你至少打趴了80％的競爭對手。除了劍道之外，我從國中就參加童軍團直到現在，只要是童軍的技能基本上都會，因為我參與的時間和深度都非常久。

我還學到該如何激發孩子們對某件事情的熱情，他們就自然會去刻意練習。帶團的過程中，讓他們比賽搭帳篷，因為想要贏，他們會自己啟動研究模式，去研究繩結怎麼綁比較快、帳篷怎麼搭比較挺，開啟有趣的競賽，他們就自動投入刻意練習自我成長了。

我們自己也是，當你在學習一項東西時，雖然很想學，但有一點猶豫不決，請你試著去找一個你想要超越的對象，或者學習的目標，也可以給自己一些獎勵。

當你能投入的時候，會開始研究更多東西，這些過程全

部都是你學到的，所以試著找一件你相對有興趣的事情，專注投入，刻意練習。不用擔心時間，只要連續做個三個月、六個月，就會有不錯的結果。

如果到後來發現真的不是你要的，自然也會知道，到時就再換一個，不需要真的要鍛鍊一萬個小時，才成為專家。只要真的投入刻意練習，一千個小時就會有明顯的變化了。

三、專注學習獨處

刻意練習需要「學習獨處」，我們畢竟是在一個團體的世界當中，時常與人合作，花了很多時間貢獻在外面的世界，很少有時間學習「獨處」。獨處的定義是「**展開長時間的同一種活動**」，像是爬山、釣魚、慢跑、腳踏車、閱讀……等等。

爬山是一種獨處的運動。有一次我們出隊爬雪山，在最後登頂前，有個很大的雪山圈谷，一開始是一群人爬，但每個人的體力不同，登頂的過程中，逐漸會和同行伙伴拉出了一些距離。在那種情況下，我們就容易不自覺進入獨處模式，有多人的經驗是開始自我對話、自我探索。

我自己對獨處印象最深刻的是騎腳踏車環島，我們是順時鐘騎車環島，從臺北到宜蘭，經由蘇花公路到花蓮。光是這段路程，我就開始自我對話，進入了自己的靈魂拷問，問自己：

「自己為什麼在腳踏車上？好好的冷氣不吹，為什麼不坐火車到花蓮再騎就好？」

進入獨處的時候，任何詢問自己的問題就會出現，這是提升自己內在能力很好的時間點，這個人他有沒有心理力量，除了我們看得到的身體之外，還有一種內在力量，而內在力量要學會獨處，獨處可以增加你很大的內心力量。

★ 再忙也要找出自己獨處的時間

我一個朋友「代筆小姐」，她們有一個團體叫「家庭CEO」，成員全部都是媽媽，每一個人都有自己的興趣跟嗜好，有些人已經用這個興趣和嗜好開始賺錢。

這些媽媽有一個共同點，就是都會很晚睡，她們說，只有那個時候才有自己的時間，平常還要處理小孩、家務，然後晚上要處理老公，真的要到了所謂的夜深人靜時，才有獨處時間，大概可能晚上十一、十二點之後了。

能想像這些媽媽家庭CEO至少有八成會是這樣，變成了熬夜才能擁有自己的時間，但他們再忙也要找出自己的獨處時間。

★替自己留白，提高生命價值

你是否有自己獨處的時間呢？現代人過於忙碌，能獨處的時間極少，請記得給自己留白，不要把生活安排得滿滿滿，讓自己沒有獨處時間，消耗生命力。

就像之前我在創業的時候相當精實，同時手上有四間公司，從早開會到晚上，開完會也下班了，回到家都深夜了只能睡覺，然後一天就結束了，隔天重複的繼續這樣的形態。

後來發現不太對，怎麼一直開會，反而沒有時間去執行規畫好的案子，沒有時間去思考怎麼經營，沒有時間和同事們互動，找到更好的方式，所以需要獨處、留白，才能給自己整理思緒，讓廢寢忘食更有價值。

四、快樂找到你的小火花

講到廢寢忘食，並沒有那麼困難，就是不斷透過快樂的事情，去收集你小火花的碎片，任何快樂、喜悅、開心，請把它記下來。走路看風景開心，記下來；跟人家分享開心，記下來，只要跟快樂有關係，都是你的小火花。

小火花聚集久了，它就會變成燦爛的煙火，不要去忽略小火花，因為小火花稍縱即逝，過了就沒有了，請好好收集你的這些小火花。

★收集自己的天賦拼圖

　　每一種天賦，很有可能是三、四種以上的小火花組合而成，而且會在各式各樣的工作或是生活中被發現。

　　比如說我時常演講，所以講話、表演、說故事，這些就是我的小火花，每當我看到聽眾們臉上的喜悅時，這些喜悅也是一個很棒的小火花。我喜歡幫助人家，這也是小火花，在童軍活動中服務無私奉獻，花了更多的時間精力，投入在上面，這是因為能盡己之力，幫助更多需要幫助的人，這也是小火花。小火花無所不在，**請慢慢拼湊自己的小火花們，它們有一天終究會變成燦爛的煙火。**

　　目標向來不是最重要的，最重要的是整個過程，在探尋自我的過程當中，這些無數的小火花聚集之後，你自然就會知道你的天賦在哪邊，即使還沒到達目標都沒關係，因為你已經在路途上了。

五、天賦的門檻沒那麼高

　　我們不需要把天賦想像得這麼神聖，大家都誤會天賦了，很多人都覺得天賦要拿來賺錢，要把天賦和賺錢結合起來，其實賺錢是後面的事情，因為你找到天賦只是剛開始。天賦的門檻沒有這麼高，很簡單也很直觀，就是你做什麼事情特別上

手，學習效率特高。舉例來說，我對運動很有天賦，所以對運動項目的掌握特別快，但這並不代表我是運動天才，只是很快就能上手，不需要有過度的解讀和期待。

廢寢忘食元素表

廢寢忘食	熱情
投入	刻意練習
專注	學習獨處
快樂	小火花
天賦	其實門檻沒這麼高

▌天賦就是一塊未經過琢磨的璞玉

這代表著你有機會發現，也需要加工過後才能發揮，所以你可能發現，你對很多東西都有天賦，但是否經過琢磨了呢？不過至少你發現了。

・興趣是不後悔的學習或運動

你有什麼興趣呢？寫文章、運動、音樂、旅遊、桌遊、爬山、閱讀、露營、來兩杯、睡覺、美妝、彩妝，從小到大你一定經過了許多的體驗。然而什麼叫興趣呢？興趣就是「工作之外不會後悔的學習或運動」。

興趣會因為外在的事情而中斷，像是參加讀書會，因為有事無法到可能中斷；喜歡慢跑，卻因為加班而中斷，但是不忙的時候，偶爾還是會去做的，就是興趣的階段。

・熱情就是甘願為他受苦

時常有人問我，為什麼總是充滿熱情，常聽人這樣講，讓我也覺得自己很熱情，但是仔細想想，熱情究竟為何物？

一路走來，創過好多業，補習班、企業培訓、引導員、講師、整合行銷公司、資訊公司、美妝產品、旅遊周邊產品，應該是很熱情的在興趣和工作。

我也認識了很多創業前輩，常聽他們分享創業的辛酸，被騙、被倒債、被告、被檢舉，常常需要資金調度，有時候還會遇到產品難產，大家都是這樣一關一關的過，好幾次都到了陣亡的邊緣，撐著最後一口氣又扳回來，日復一日這樣的情況，卻不願意放棄，這就是「熱情」。

我們可以說，熱情就是「甘願為它受苦」，很多時候當熱情燃燒完的時候，隨之而來的就是更多的難題，如果你還是願意為這些問題受苦，找到解決的方式，這就是真正的熱情。

‧ 專業是充滿肯定且散發光芒的眼神，愛上自己的選擇

專業經過不斷的磨練，最後才會從熱情昇華到專業，這時候的你一定是眼睛閃閃發亮，並且可以讓他人感受得到。無論是什麼事情，當你遇到問題時，腦海中第一個跳出來能幫你解決的人，就是專業的代表。

扯鈴表演高手「馬戲藝術家——宋佳政」，他把像時光隧道的那種雷射光裝在扯鈴兩側，是全世界唯一的雷射扯鈴表演。在全暗的表演現場，扯鈴兩端投射出這種雷射光，這肯定需要投入廢寢忘食的時間去研究，並且持之以恆的刻意練習，而練習過程一定很孤獨。

從這中間會找到很多小火花，產生熱情甘願為它受苦，最後成為他的專業。這些都是在天賦之後才會發生，重點是你要先找到你的天賦，才有機會發展出專業。

找到你的不用堅持

· 向我的偶像 Kobe Bryant 致敬

有一次記者問籃球高手 Kobe Bryant，到底怎麼訓練自己的，他說了一句經典名言：「你見過凌晨四點的洛杉磯嗎？」

凌晨四點的你在做什麼呢？我想大部分的人都在睡覺，然而此時的 Kobe 已經在體育館練到汗流浹背了，凌晨四點他開始練球，已經是巨星的他還需要練球嗎？應該說，他還需要這樣拚命嗎？

大部分的人可能認為應該不用了，但這就是他的熱情、專業所在，他廢寢忘食熱情投入，他的訓練師說：「每次我到球場的時候，Kobe 已經是全身濕了，可見他已經練了一陣子。」當你找到一件事情熱情的投入，除了熱情之外，還有一個更重要的元素，就是這件事你已經不需要堅持。

堅持是每個人都做得到的嗎？其實 Kobe 做的已經無所謂堅持了，這是一種自動自發、興奮和熱血，我相信一件事情，要不是人類有生理跟身體上機能的因素，Kobe 搞不好凌晨三點就去練球，廢寢忘食的每天練球，時時刻刻都要碰到球。

原來堅持向來不是重點，而是「**不用堅持**」，我們在廢寢忘食的過程中就能感受到，什麼是讓自己不用堅持，而且完全心甘情願為它受苦，試著找到屬於你可以不用堅持的事情吧！

▍自我探索三步驟

最後我想要和大家分享一件很重要的事，除了外在事情可以廢寢忘食，更需要的是，要對自我探索更加廢寢忘食，我們把很多時間都交給別人，卻很少時間花在自己身上，請你對自我探索也要廢寢忘食，以下分享三個步驟。

一、自我覺察

自我覺察什麼，就是前面「廢寢忘食元素表」裡面寫的：

廢寢忘食──熱情

　　　投入──刻意練習

　　　專注──學習獨處

　　　快樂──小火花

　　　天賦──門檻沒那麼高

透過自我覺察，有意識的替自己記錄下來。

二、自我揭露

在所有的過程，可能有好的元素跟不好的元素，但這都是你，天賦本身沒有對錯、沒有好壞，請坦然接受。我有個朋友很愛睡覺，熱情投入睡覺，他的家人和朋友都覺得他很奇怪，怎麼會這麼愛睡覺？他愛睡到最後，在睡眠記憶枕公司擔任睡

眠專員,他講得很理所當然,就是發揮專長,幫公司測試寢具的好壞。

　　天賦沒有對錯,不用擔心自己的天賦是好還是不好的,只需要中性的把它理清出來,自我揭露是很重要的一環,你長得是圓的、扁的、胖的、矮的、高的、瘦的、有獸性、有理性、與人為善、心機重重,全部都必須透過獨處的時間尋找,從自我覺察到自我揭露之後,最後你才會到自我接受。

三、自我接受

　　我就是這樣的我,每一個人都有一個投射的對象,這個對象是誰不知道,你可能想像自己是某個偶像明星,或者是你有某種標竿學習的對象,或是你有一種對外想要呈現給人的模樣。那只是戴著面具的你,你必須要揭露完之後,接受原來自己長得這樣,最後你才可以找到你的天賦,自我實現。

・是什麼讓你廢寢忘食?

　　有這麼多的思考方式,最重要請記住這句話,看見內在動機就是你的天賦,天賦的門檻沒有這麼高,對自己好奇探索的廢寢忘食,看見真正的自己。

自我覺察模型

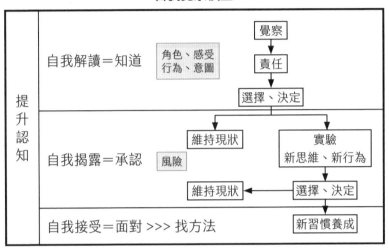

Q4 除了為難自己，你還替自己爭取過什麼？

導師：施皇任

你的人生從出生至今，
是否為了自己而去爭取過什麼呢？
人的一生是不容易的，
不是因為有了機會才爭取，
而是因為爭取才有了機會。
有多少人明明希望得到豐碩的果實，
但不願跨出第一步前往爭取。
找到屬於你自己的使命，
帶著你重新認識自己，
發掘潛藏於你內心的天賦！

現職：

- 禾禾商學院共同創業
- 中國國家二級心理諮詢師
- 英國 CIP 國際心理諮詢師
- 英國 CIP 國際認證講師
- 東方心理學認證講師
- 30 秒識人術認證講師

著作：《打破情緒框架，世界為你讓路》

從小到大，你是否替自己爭取過什麼呢？無論是在幼稚園、國小、國中、高中，或是到了現在，你們有替自己爭取過什麼嗎？你知道在爭取的過程中，背後所隱藏的含義是什麼嗎？爭取與為難自己中間的差別又是如何呢？

　　我曾經向朋友們詢問，是否曾經為自己爭取過什麼，以下這些是他們所回應我的。

- 多加一些班**爭取**加班費，為了償還父親長年累積所欠下的負債。
- 向主管**爭取**今天能夠準時下班，去學習瑜伽。
- 向一個不喜歡的主管拍馬屁，**爭取**升職的機會。
- 向父母**爭取**參加歌唱比賽的機會。
- 為了**爭取**讓公司的業績提升，參加許多不喜歡的飯局，回到家還要被老婆怪罪跟質疑。
- **爭取**讓媽媽與另一半一起來聽我演講，希望他們能看到我站上舞臺的機會。

　　接著我們來思考一下「為難」這兩個字，它是出於無奈、有苦難言、為了生活不得不去做的，可能是出於經濟考量，或是身邊關係人的人情壓力，無可奈何而做出的行為。

　　所以回過頭看上述的六項爭取，哪幾項是為難自己不得不去爭取，又有哪幾項是發自內心的爭取呢？

　　我們來看下列這三項：

- 多加一些班爭取加班費，為了償還父親長年累積所欠下的負債。
- 向一個不喜歡的主管拍馬屁，爭取升職的機會。
- 為了爭取讓公司的業績提升，參加許多不喜歡的飯局，最後回到家還要被老婆怪罪跟質疑。

　　這三項爭取的背後，都隱藏著某些不得不，為了生存、為了家庭而去爭取的，這中間的過程充滿著壓力。第一項爭取賺錢的背後，是來自家裡經濟的壓力；第二項爭取升職的機會，是需要昧著自己的良心去迎合及討好；第三項爭取業績的提升，背後卻是要參加自己不喜歡的聚會，這些爭取的背後都是充滿著無奈。

　　接著我們來看另外三項：

- 向主管爭取今天能夠準時下班，去學習瑜伽。
- 向父母爭取參加歌唱比賽的機會。
- 爭取讓媽媽與另一半一起來聽我演講，希望他們能看到我站上舞臺的機會。

這三項爭取的背後都是為了某種理念或夢想，這些爭取沒有任何外在的因素，例如來自關係的人情壓力、生活的經濟考量，這些都是發自內心而爭取的，這些爭取排除了為難，單純是自己的心之所向，**而這些爭取的背後，正隱含著你的天賦在其中。**

　　這三項爭取都曾是我聆聽過或經歷過的故事，第一項的主角，她當時在會計事務所上班，每天朝九晚九是基本，公司案件多時，加班到凌晨也是家常便飯。

　　在一次的偶然機會下，她跟著朋友上了一堂瑜伽課，當時她非常喜歡那優雅曼妙的過程。動作雖然不如自己想像的簡單，但她開始了幾個動作後，便愛上了這項運動。

　　她曾告訴我：「瑜伽的過程是一個與身體對話的旅程，過程中只會聽到自己的呼吸聲及身體回應我的感受，在那一刻我的腦袋聲音瞬間抽離，很平靜也很安穩，接觸過一次我就無法自拔了。」

　　為了能夠有更多的時間上瑜伽課，她想要向主管爭取一週內能夠有幾天準時下班。但是她不是直接開口，而是在工作表現上更加的努力，效率也隨之提升。接著才向主管提出請求，爭取能夠準時下班的權利，讓她接觸她喜愛的瑜伽。她說她那時才明白，自己可以為了心愛的事奮力爭取，做到「**專注**」。

　　第二項的主角是一位朋友的男友，他很喜歡唱歌，在 CD 還不普遍、只有錄音帶的時期，他常常拿著隨身聽放著喜歡的錄音帶，跟著耳機傳來的旋律哼唱幾句。

　　他在國小某次班上舉辦同樂會時，同學們鼓譟著要他上臺唱歌，他一開始非常抗拒，覺得自己唱得不怎麼好，同時對於上臺感到害臊，後來被老師請上臺唱了幾句，唱完時全班嚷著：「唱得好好聽喔！再多唱幾首嘛！安可安可！」那一刻他才發現，原來自己歌唱得不錯，也很喜歡上臺的感覺，他當下立了一個夢想，希望有朝一日能夠站上更大的舞臺，讓更多人能夠聽到他的歌聲。

　　接下來的歲月裡，只要他有空就不斷練歌，直到高中時，有一次學校舉辦了歌唱大賽，他迫不及待的想要報名，但是被他父母給狠狠拒絕了。他念的高中是私立學校，一所以升學為目標的學校，而且他的爸媽要求十分嚴格，希望他能夠考上好大學，期盼他能夠有個璀璨的未來。

　　儘管被父母拒絕了，但他並沒有打算放棄這個機會，反而更加專注在學業的精進上。在接下來的期中考，他首次來到班上的前三名，他將此成績給他的父母看，也因此獲得他們的允許，參加了這場歌唱比賽。

　　雖然最後在歌唱比賽中沒有拿到任何名次，只獲得了參

加獎，但是他告訴我，透過這次的爭取才發現，原來自己是有「企圖心」的，他告訴我：「過去的我總是三分鐘熱度，做一件事情無法好好從一而終，常常半途而廢，雖然最後沒有拿到任何名次，但我卻覺得這場比賽真的讓我收穫良多，直到現在都已經過了十幾年了，這個爭取的過程仍讓我印象深刻，也讓我發現內在的一些潛能。」

第三項的主角是我自己，在 2021 年年初，禾禾商學院舉辦了聯合演講：「七個問題看見你的天賦」，也是這本書的前身。我邀請了我的母親與我的另一半前來，一開始他們是拒絕的，但是經過我的努力下，最後他們答應了，母親甚至邀了幾個朋友一起來捧場。也因為他們的邀約，讓我在這次的準備上更加努力不懈，也在爭取邀約他們來的過程中，我看見了自己的「堅持」。

這三項的爭取，不論是爭取上瑜伽、爭取參與歌唱比賽，或是爭取家人來聽演講，背後都隱含著你沒有發現的特質：專注、企圖心、堅持，這些都是很棒的正向特質，你願意為了自己而去爭取的，更可能是你樂此不疲，願意花時間、花金錢，甚至是消耗自己睡眠時間而去做的，這些背後除了是熱情所在，更可能蘊含著自己的天賦在其中呢！

那麼你除了為難自己之外，還為自己爭取過什麼呢？

人生只有一回，不妨大膽一點，為自己爭取一回吧！

山不轉路轉、路不轉心轉

然而在我們爭取的道路上，並不是永遠的一帆風順、一路順遂，難免會遭逢困境、碰到鐵板，那麼當你遭逢這些困境時，你是如何應對的呢？當這些難題出現在眼前時，如同行駛在一條筆直暢通的道路，在你無預警的狀況下遇到了盡頭。

有一位年輕人，聽說有位隱居山林的高僧，不用任何工具就能夠將大山移動，於是前往拜師學藝。拜見了高僧後，年輕人懇求高僧教導他移山之術，高僧一言不發，帶著年輕人往寺廟左邊的高山走去，走了一天一夜，翻過了山頭，來到山的另一端。高僧向年輕人說：「這座山昨天在我們的左邊，現在移到了我們的右邊，這就是我的移山之術。」

年輕人感到憤怒及疑惑，高僧接著說：「環境是無法改變的，能夠改變的只有我們的心，以及我們看待事物的眼界。」

條條大路通羅馬，這些道路之所以能條條通羅馬，正是因為沒有一條道路是筆直的。百川之所以在最後能匯集到大海，正是因為它不斷轉彎避開障礙，持續前行。

・路，走不通，就繞著走

2018 年 8 月發生了一個事件，我被踢除禾禾商學院的講師名單，沒有預警也沒有任何告知，我是透過第三方得知消息的，在那當下心裡真的感到五味雜陳，憤怒、失望、焦慮、悲傷這些情緒不斷在身體裡攪動著。

在得知消息的時候，內心翻騰了好一會兒，我永遠記得當時的心跳是如此的急促用力，身體不止的顫抖，那種感覺是十分難受的。為了舒緩心情，我在大樓裡瘋狂走樓梯，從七樓走到十三樓，再接著走下來又走上去，走了幾趟我都忘了。

當下的感受就如同一條開了多年的道路，在你無預警的狀況下，眼前突然出現一堵高牆，接著你踩著油門，用力的、筆直的撞下去。

忘了當時究竟走了幾趟樓梯後，我明白這些負面情緒是多餘的，不如讓自己靜一靜，找出源頭、問出原因。後來也得知了一些方向，明白該如何去改變，於是在遇到盡頭的死路，筆直的撞下去後，重新整理了自己，拐了個彎，調整後再次出發。

我還記得當時有些朋友問我：「你不會感到生氣、失望嗎？怎麼感覺你發生這件事反而更積極？」

我告訴他，沒有那些情緒是騙人的，但是一直陷在那些情

緒裡並沒有用，而且最後只會陷入抱怨。既然問題發生了，那麼就解決它，若解決不了，那就換個方式再次出發。

於是在 2018 年的下半年，我更積極、更大量的與人對話，但這次的與人對話和前幾年相比，我覺得自己的心態轉變了不少。在過去總是想要衝人數，期待看到來訪者的某些情緒，甚至看到來訪者哭泣、掉眼淚，這些都會讓我有某種成就感，給予他們的建議及方法，也較為直接與絕對。現在回想起來，當時的我在對話時，應該給對方不少的壓力。

重新調整後，這一次的方式傾向於陪伴與傾聽，協助對方釐清、看到並同理對方內心的感受，接著找到問題背後的核心，最後給予正面的設定及力量，讓他人更有力量面對所有困難。

也因為這樣的方式，我看到更多前來對話的人，從開始對話時的眉頭深鎖，到後來的笑容展延，也聽到了那些發自內心的感謝，這些笑容與感謝，總是能讓我的心頭感到暖洋洋的。

感謝當時自己並沒有選擇放棄，也沒有選擇持續請求，求著老師讓我回去，而是選擇了轉個彎，換個方式繼續前行，而現在也重新回到禾禾商學院的講師陣容。

・人的成長路就這兩個方向：前進與轉彎

許多人之所以人生混亂，至今仍尚未革命成功，原因無它，只因撞到鐵板仍持續撞，或是走到了死路就選擇放棄，但我們可以有其他選項，在走到盡頭時選擇轉彎。

前進需要勇氣，轉彎需要智慧。在成長的道路上總有需要轉彎的地方，面對艱難毋需躲避，坦然面對，重新整頓，再次前行就好。山不轉路轉、路不轉心轉，死路只會出現在眼前，卻不會顯露在心上，只要心念一轉，一條嶄新的道路再次浮現，面前的死路，拐個彎又是一條璀璨的康莊大道。

走過一些路，才知道辛苦，碰過幾次壁，才懂得臣服，只要你願意走，看似盡頭的死路，依然是路。

當機會來臨，你是如何為自己爭取的？

常聽別人說，自己的人生是靠自己爭取來的，每個成功的軌跡，都倒映著過往堅持、努力不懈的痕跡。但一路走來，當機會出現時，你是如何為自己爭取的呢？你的爭取是否為難了自己，還是為難了他人呢？

當機會出現時，你是猶疑還是堅定，爭取的過程是充滿敵意還是友善呢？一個人在爭取時的模式，可區分為四種角色，分別是攻擊抗爭的革命者、懷疑抱怨的批判者、隨波逐流的盲

從者和受人祝福的實踐者，那麼你在爭取的模式，是屬於哪一種類型的角色呢？

・ **攻擊抗爭的革命者**

　　曾經有一位大姐告訴我，她期待已久的精油香氛課終於開課了，而且上完這個課可以拿到證照，未來有機會可以成為芳療師。她一回到家興沖沖告訴她老公，想與他分享課程終於要開課了，自己一定要把握這個機會去上課才行。結果老公只冷冷的回了一句：「學這個到底有什麼用？而且學費怎麼那麼貴！家裡又不是多有錢，為什麼要這樣浪費錢？」

原本滿心歡喜的與老公分享，沒想到卻被老公活生生的潑了桶冷水，接著這位大姐帶著憤怒回應老公：「為什麼我不能上？好不容易有這個機會，我不管你怎麼說，我就是要去！而且你之前也去讀了在職專班，現在也沒看你在用，工作上也沒有什麼幫助，你就不是浪費錢嗎？」

接著兩人開始翻起許多舊帳，吵得不可開交，最後這位大姐不管老公如何規勸，仍執意要去上精油香氛課，爭取去上課的機會。但這樣的爭取，卻也讓他們夫妻倆關係陷入冰點，冷戰好幾個星期，目的雖然達到了，卻也打壞了關係。

第一類的爭取者類型「**攻擊抗爭的革命者**」，他們在爭取時就像是革命抗爭，堅決但充滿敵意，直直的往目標、機會前進，不成功便成仁，**他們爭取的過程全是攻擊**，雖然最後機會爭取到了，但卻造成了兩敗俱傷、關係受到損害、耗盡心神。

· 懷疑抱怨的批判者

曾經有一位諮詢對象來找我對話時，過程中總說著自己能力很好，卻總是懷才不遇，人生至今都沒有人懂他。接著開始抱怨起那些跟他一起進公司的同期，為什麼他們各個都有經理甚至副總的管理職，自己卻仍是萬年工程師呢？

接著我問起了他對主管、同事的看法，他的話語中滿滿的

抱怨及批判，眼神更是充滿憤怒與鄙視，我也問他，過去主管是否曾經指派專案給他負責，擔任專案負責人呢？

他回答：「有，主管在去年指派我當一個專案的負責人，但因為那個專案難度太高，主管分配給我的成員也都不是菁英，菁英都被分配給另一位同事，負責另一項專案，而且另一項專案的難度比較低，為什麼要分配這麼難的專案給我，這根本就是個爛缺啊！」

我回應他：「如果你今天是一位主管，你很看好一位下屬，覺得他的能力很好，你指派了一項非常重要且艱鉅的任務給他。但指派後這位下屬卻開始抱怨，抱怨資源不夠、人力不足，最後更抱怨你給了他一項爛缺，當你聽到這些話時，你的感受如何呢？」

接著他陷入沉默，我又回應他：「你的行為就跟剛剛的下屬一樣，全程充滿了批判與抱怨，最後機會只會離你而去。」

第二類人「懷疑抱怨的批判者」，當機會出現時，他們總是抱持著懷疑的態度，質疑眼前的機會肯定有問題，質疑給予機會的人，最終機會只能離你而去。而當別人把握住機會努力爭取，並在最終獲得成就與財富時，卻又酸葡萄心理，質疑著別人成功背後肯定有問題，最終成了怨天尤人的一群批判者。

・隨波逐流的盲從者

　　曾經有一位女孩來找我諮詢，說著過去跟她同部門的一位主管，準備要離開現在的公司，在外自己創業，這位主管問了這位女孩要不要跟著一起過去，想請我幫忙剖析，是否該跟著主管一起創業。最後我花了近一小時的時間，幫她分析了優劣好壞，然而在過程中她不斷提到：「可是我朋友說……」、「可是我前同事說……」、「可是我爸媽說……」

　　當我告訴她要跟著去時，她回了我好幾個理由，也搬了許多關係人出來反駁我；然而當我告訴她不要跟著去時，她又回了我更多個理由，搬出更多的關係人繼續反駁。

　　最後我問她：「那你自己怎麼說？」她說就是因為自己不知道，所以才一直徵詢別人的意見。而我已經是她第六個詢問的對象了，她說想要看看贊同跟著主管一起創立公司的人多，還是建議留在原公司的人多，哪邊的人多，自己就往哪邊走。

　　最後她問了我看法如何，我告訴她兩個方向都可以，重點是自己想要哪一個？她說其實自己有想要試試看，但是又感到害怕，才會不斷詢問他人意見。隔了幾個星期後，我再次問她是否已經決定去留了，她回答我：「我還是不確定，下星期要再跟幾個朋友聊聊……」

　　第三類人「**隨波逐流的盲從者**」，當機會出現時，他們與

上一個類型的批判者相同，都抱持著遲疑的態度。不同的是，盲從者會不斷問身邊的所有人，目的是為了得出最佳解，但是**關於機會和目標，從來都沒有最佳解的存在，只在於你自己想不想要、是否真正聽從內心，奮力爭取，接著讓機會發酵，最後獲得豐碩的果實。**

但盲從者卻是不斷詢問他人意見，接著依據別人的指引而前進，如果在前進的路上出現問題或遭遇困難時，又會怪罪初給予意見的人，說著自己現在的失敗都是當初聽取了他們的意見，將自己的失敗往外卸責，卻忽略了自始至終做出選擇的都是自己。

· 受人祝福的實踐者

一位朋友與她老公共同創業，經營著一家店，有一天，一位企業主找上了他們，希望未來能夠有機會加盟拓展，企業主出資、朋友夫妻出力。朋友老公起初是反對的，覺得現在已經穩定了，收入也夠養活一家四口，原先是想要拒絕掉的，但我的朋友內心想要爭取這個機會，於是開始跟老公探討拓展店面的可能性。

過程中沒有批判，雙方提出各自的想法，也表達各自的感受，老婆說：「我們現在很穩定，但是這家店我們每天都做得

好辛苦，如果我們未來想要輕鬆，擴大並招募人才，我們才有機會越來越輕鬆。」

最終老公被她說服了，也同意拓展店面，老公待在原店，新店由老婆開拓。過了一年，成績相當亮眼，兩夫妻也有了經濟收入能夠聘請更多的人，兩夫妻也因此擁有更多的時間，後來更有許多人詢問，是否能夠加盟成為他們的事業夥伴。

第四類人「受人祝福的實踐者」，當機會出現時，他們敢勇於爭取機會，爭取的過程中，充分表達自己內心的感受，對於反對的人能夠好好說清楚，充分表達自己意見，也同樣尊重別人的意見，不爭執、不衝突、不批判。對於自己想要爭取的機會能夠好好交代清楚，讓身邊的人感到放心，最後在向前的道路上，實踐者總能堅定的往目標前進，並且友善的對待身邊每個人，最後得到大家的支持與祝福。

當你眼前出現了機會，你是否會爭取呢？你的爭取模式是哪一種？攻擊抗爭的革命者、懷疑抱怨的批判者、隨波逐流的盲從者，還是受人祝福的實踐者呢？

請試想一下，當你正在辛苦開店創業，你的另一半每天早上深情抱著你，輕聲說道加油；當你正在用功準備升學，你的母親每晚準備溫暖的果茶，摸著你的頭說著讀書很重要，但別累壞了身體；當你正在勤奮加班趕工，回到家你的孩子已安頓

好自己，做好功課、洗完澡、躺上床睡覺，餐桌上一張潦草的字跡：「爸爸辛苦了。」

得到他人的支持與祝福是擁有力量的，讓你在前行、爭取的路上更加強大。爭取機會，能夠讓自己不留遺憾；受人祝福，才能讓自己走得長久。

▌為自己打造人生的摩天大樓

在我們奮力爭取、打拚美好人生的同時，你可否想過，有哪些事情會阻礙著我們往目標前進呢？追求嚮往生活的同時，是什麼讓我們暢行無阻？又是什麼讓我們荊棘載途呢？

每年的農曆春節年初五，不少公司都會進行開工儀式，鞭炮聲四起，由企業主領頭，帶著內部主管及員工一起拜拜，希望公司今年事業順利、業績長紅。許多人也在這段過年期間，許下自己新年的目標與期許。有人希望自己工作順利，能夠升官加薪；有人希望自己事業昌盛，能夠財源滾滾。

人要敢於做夢，畢竟做夢是不用錢的，你能真正實現的，絕對不會超過你的夢想與目標，**你設立的目標越是宏遠，你人生的摩天大樓就越是高大。**

但有多少人許下了新年新希望後，過了半年或甚至不到幾個月，卻已確信目標無法達成，當初信誓旦旦許下的目標也如

同虛設。

　　例如有的人每年嚷嚷著要減肥，卻總是越減越肥；有的人每年喊著要財富自由，卻仍被金錢追著跑；有的人說要學習英文，好好增進自己的語言能力，卻遲遲尚未行動，連第一步的報名都還沒開始。

　　坊間有許多制定目標的策略與方法，OKR 規畫法、SMART 原則、MAC 原則……等等，各種方法琳瑯滿目，只要上 Google 搜尋，數十種策略方法立即秀在螢幕上。但是真正達成目標的也是寥寥可數，**因為他們都忽略了一樣東西，也正是它時時刻刻影響著我們的心情、阻礙我們往目標前進，那即是「關係」。**

‧ 摩天大樓的地基：「關係」

　　請試想一下，公司來了一個大客戶，主管找來 A 與 B 兩個人，請他們各自盡最大的努力向客戶提案。公司幾千萬的大案子全看這兩位的表現，被挑選中的提案，將成為這次案子的負責人，年初設立的業績目標，也會因為當上負責人後而達陣。除了有業績獎金，更有公司招待出國旅遊的機會，因此兩人都卯足全力，為這次難得的機會做足準備。

　　就在提案會議的當天早上，提案人 A 在早上出門前與老

婆大吵了一架，老婆甚至揚言要帶著小孩回老家。A 告訴老婆，今天公司有個重要的提案，如果要吵等回來再吵。但 A 的老婆直接拉著小孩，頭也不回的離開，A 心想著，不知是否要追回老婆，但是再不出門，提案會議就要遲到了，多年來在公司設立的目標，也將付之東流。

同一天早上，提案人 B 起床時，老婆已為他準備了精心製作的早餐，沖泡了一杯濃香四溢的咖啡，甚至在前一天已將老公今天的衣著整燙完成，因為老婆知道老公今天有一場重要的會議，她能為心愛老公做的，就是讓他無後顧之憂，用行動表達自己的支持。最後老婆跟他說了聲加油，而他也在出門時跟老婆說了聲謝謝，並輕輕在老婆嘴唇上啄了一口，深情的說：「我會盡我最大努力拿到這個提案，謝謝老婆一直以來的支持，我愛你。」

最終的結果由 B 拿下了這次的提案，原因是 A 在過程中閃爍其詞、心不在焉，而 B 則在會議中全程揮灑著自信。

我們人生中是否也曾經歷過類似 A 的情況？你有場重要的考試，卻在那陣子與另一半分手；你有個重要的客戶要簽約，卻在那一早與家人大吵了一架；你有個重要的會議，卻在前一天與主管鬧翻。

有時候，目標無法達成並不是目標不夠明確，而是關係影

127

響了情緒與思緒，最後導致失敗。

　　一座摩天大樓要能夠蓋得高，重要的是地基的深厚，大樓越高、地基就要越深，這樣的摩天大樓才能穩固，不必擔心天災、地震。專屬於我們的人生摩天大樓，目標的宏遠，決定了大樓的高度，但真正影響這棟摩天樓是否能夠完成的，則是來自於名為「關係」的地基。

　　當你往目標前進時，你身邊的關係人是支持你還是否定你呢？你平常與他們的相處模式，是友好還是爭吵不斷呢？

　　把關係處理好，你將發現往目標前進的路上將暢行無阻，成就自己的人生摩天大樓。

・ **違背意願等同於將自己出賣**

　　在過去的諮詢案例中，絕大多數的人都知道自己不要什麼、討厭什麼。「我覺得我不喜歡這個科系。」、「我討厭現在這份工作。」、「我覺得跟另一半並不合適。」大部分的人都清楚知道自己不想要什麼。但是問起他們喜歡些什麼工作？有沒有什麼是讓他們感到樂此不疲的事情？或是有沒有什麼興趣？多數的回答是：「我好像沒有特別想要什麼或喜歡什麼，但我只知道我討厭現在的工作，厭倦現在的另一半。」

　　我接著問：「工作上你有想過要轉換跑道嗎？跟另一半有

想過要試著溝通改變現狀，或是向對方提出分開嗎？你有沒有打算要開啟一段學習，培養自己的興趣呢？」

通常這麼反問後，對方會回答：「我有想過要換工作，也想要跟另一半溝通，但是不知道要怎麼改變起，只好繼續維持現狀。而培養興趣這一回事，現在都忙翻天了，哪還有時間去培養跟學習啊！」

許多人都是這樣的，不喜歡現在的生活，卻沒有嘗試做出改變，那麼也只能繼續維持現狀，做著自己不喜歡的工作，過著不如意的生活。

曾經一位大姐來找我對話，她過去是一位高速公路的收費員，後來 eTag 的誕生，她們的工作也跟著被取代，集團企業將她們安排到集團內其他的公司上班。當時她被安排到通訊行擔任門市人員，但她對這個安排不太滿意，並且說著主管是如何打壓著自己，訴說著自己多麼的不喜歡現在這份工作，但是為了生存只能忍，做著這些違背意願的事情。

我們對話大約一小時半左右，這位大姐用了近一小時的時間訴說公司的不公、主管的打壓，說話的音量也隨著情緒越來越激昂，當時的我聽著這些語言，是感到相當不舒服的。

當一個人不甘於現狀，卻又不願改變與妥協時，將捲起名為「抱怨」的漩渦，抱怨著工作中的主管同事及種種不甘，抱

怨著感情中的伴侶、配偶及日常瑣事，抱怨父母、抱怨公婆、抱怨小孩……等等，當下的抱怨也許讓你感到好過，獲得抒發，但是當下次再遇到相同事件時，你只能採取更強烈的方式進行抱怨。

　　一旦讓抱怨成了習慣，生活非但沒有往好的方向邁進，還可能逐步邁向毀滅。試想一下，當有一個充滿負能量、抱怨著世界上所有一切的人出現在你面前時，你對這類的人是如何看待的呢？

　　當時我問了身邊的幾位朋友，他們回答我：「我會保持些距離。」、「我覺得他們肯定知道如何改變現況的，只是他們選擇了維持現狀。」、「一次、兩次的抱怨我覺得無可厚非，但是三次、四次以上，我就會想要逃離了。」

　　那麼你呢？你也會像他們一樣保持距離嗎？我們會不會其實就是那群愛抱怨的人呢？

　　回過頭來再跟那位收費員大姐聊，她說著自己很羨慕一些朋友，有自己喜歡的工作，在工作中可以獲取成就感與不錯的薪水。自己想要離開，卻不知道能做些什麼，只覺得每天做著現在的工作，都在不斷違背自己的意願，感到十分痛苦。

　　接著我問她，有沒有什麼樣的興趣與喜好呢？她說自己喜歡手工藝，串珠、手工皮件這些她都很喜歡。我說這些興趣都

很棒，可以試著在網路上分享，或是去手工市集擺攤，試著讓大家看看她的作品，我相信肯定有人會買單的。但是她卻說自己不行，也沒有自信，不敢嘗試。

最後我向她說：「如果現在的生活讓你感到不開心，給自己一次機會，好好為自己爭取一次，讓自己喜歡的興趣與事物被更多人看到，如果沒有人買單也沒有關係，再次精進加強，如果有人買單當然更好啦！也許未來有機會能夠漸漸轉換跑道，去做自己真心喜歡的事，你也不用再去羨慕其他人，過自己真正熱愛的生活。」

過了幾個月，我收到她的訊息：「今天是我第一次參加市集擺攤，雖然全場只有賣出幾條串珠，但是這個過程卻讓我感到好開心，當我第一條串珠賣出去的時候，當下真的非常雀躍，謝謝你讓我勇敢爭取。」

每次收到這類的訊息都讓我感動萬分，感到無比的喜悅，而我也謝謝她跟我分享了這段故事。

・人人皆有其各自的美好

生活中我們總是在羨慕或嫉妒著他人，相互攀比著，小孩仰望大人的成熟穩重，大人也會懷念當初孩童的赤子之心；平凡人欽羨著那些藝人及名人的財富名氣，而藝人與名人們又何

嘗不希望自己的生活能夠歸於恬淡，渴望擁有與一般人無異的平凡時刻。

春有百花秋有月，夏有涼風冬有雪，四季皆有其美好。就像人類一樣，每個人出生就不同，每個人都有自己的熱情與人生目標，所以不需要去嫉妒或羨慕他人，好好看待自己身上所擁有的。人類本來就是多元化的，每個人來到這世上，被賦予的使命也大不相同，也正因為如此，才有了現在繁華多元的文明社會。

你是否曾經聆聽過內心的召喚，聽著它訴說你的使命、你的熱情所在？你是否曾經在某個瞬間，感受過無比的美好、興奮或是雀躍，這件事情不是父母叫你應該這麼做，不是社會給你的價值觀，也不是另一半嘴上說著「我是為你好」而幫你安排的一切。摒除外在的所有干擾，聽從內心的呼喚筆直邁進，請試著重複提取這樣的經驗與場景，那極可能是你的天賦所在！

如果一個人違背了自己的意願，便等同於將自己出賣，強行讓自己進入不屬於自己的領域，那樣的痛苦是難以忍受的。相反的，若是我們找到自己的熱情、使命與人生目標所在之處，將自己置身於適合的環境，我們的靈魂也會跟著雀躍，接著發光發熱，燦爛閃耀著這個世界。

　　與其抱怨，不如改變，聽從自己的內心，順應自己的意願，接著勇敢爭取、勇敢前行，過自己想過的人生。

・生命中最大的快樂，成為你自己
　　你是否也曾有過這樣的想法呢？當你單身時，你看不慣身邊的人們徜徉在幸福的愛情裡；當你悲傷時，你無法加入別人快樂的行列，甚至不允許他人快樂；當你挫敗時，你嫉妒著那些享受著成功果實的人們，咒罵著老天爺對自己的不公；當你不幸時，你厭惡著那些陶醉在幸福泡泡裡的人們，接著找出他們身上不完美的地方，死盯著不放，酸葡萄的說著，他們的幸福一定只是表面的。

　　當我們內在有憎恨，我們既不想讓自己快樂，也不允許他人快樂。當我們內在有不幸，我們既不想讓自己幸福，也不允許他人幸福。

　　曾有一位女孩來找我諮詢，寒暄了一陣後，我問她有什麼是我可以幫助她的呢？當時的她說：「我身邊的好姐妹們一個一個都找到了好歸宿，還沒找到歸宿的，也找到了自己所熱愛的事情，每個人似乎都活在幸福裡。但是我的生活卻始終一團亂，對於他人的幸福我也無法給予祝福，表面上笑著祝她們永遠幸福快樂、勇敢追夢，但我的內心卻不如我的話語正面，有

著強大的嫉妒心態。當她們遇到問題時，無論是工作受挫或是感情失利，我的心裡反而有股竊喜，我怎麼會這個樣子呢？」

我說：「因為你沒找到你自己的熱愛，也迷失了自己。」

每個人來到這個人世間，都有個至高無上的使命，那即是成為你自己。可是有多少人真正了解自己？又有多少人能夠做回自己呢？只有當你成為你自己，就會在你身上找到屬於自己的光芒、內在滿溢著自由、喜悅與和諧，接著允許別人成為他們自己，支持並祝福他人的幸福與喜悅。

・人生最痛苦的莫過於活在他人眼裡

你是否傾聽過來自內在的聲音呢？你的言行舉止是否尊重自己的感覺？你的所作所為是否遵從自己的意願呢？

每一個人的性格、興趣和熱情，決定了他們成為什麼樣的人，不管是什麼職業，工程師、心理諮詢師、獸醫師或是運動員，都可能是他們聽從自己內在聲音、心之所向的，但是外在的喧囂、生活的挑戰，或是面臨金錢、權利的誘惑，讓人們難以聽見內在的召喚，偏離了成為自己的軌道。

一位大姐來找我對話，她說她在年輕時，為了滿足父母的期待，就讀了自己不喜歡的科系，即便那不是自己所嚮往的。長大一點，為了滿足社會的期待，她嫁了一個有名聲地位的老

公，即便那不是自己所摯愛的。為了滿足家庭的期待，她選擇了薪水待遇好的工作，即便那不是自己感興趣的。

當時她說了一段話，至今我仍深深記在心裡：「人生最痛苦的不是工作失利、感情失敗，而是活成了他人期待的樣子，最終失去了自我。」

在華人的世界裡，我們總是被教導著要聽話，聽父母長輩的話、聽學校老師的話、聽社會價值的話，這些話在我們身上成了清規戒律。然而這些是否真的適合你呢？多少人把人生活成了他人期待的模樣，但卻是自己不喜歡的樣子呢？

德國哲學家尼采曾說：「你要搞清楚自己人生的劇本，不是你父母的續集，也不是你子女的前傳，更不是你朋友的外篇。」

你的人生篇章無論精采與否，這部大戲的主角始終只有一人，那即是你自己。人生苦短，不過匆匆幾十年，若在這幾十年間，還需事事違背自己的意願，看他人的臉色生活，受他人的期待操控，豈不是痛苦萬分？

願你傾聽來自內在的聲音，活出自己、愛上自己，最終成為你自己，在爭取成為自己的路上，看見屬於自己的天賦。

奮力一搏，讓未來的你感謝現在的自己

　　每個成功、內心力量強大的人，都曾經歷過一段無人問津、無人賞識的生活，那段日子裡，孤獨與寂寞才是生活的常態，前行的路上如此，爭取的路上更是，終歸一個「熬」字。

　　半年前一位朋友來找我聊聊，兩年前他與幾位朋友創了業，朝自己的心之所向邁進，還記得他當時信誓旦旦，告訴我一定會闖出一番名堂，接著離開多年的工作、年薪破百萬的穩定生活，毅然決然的投入新事業。而這次來找我聊時，他的眼神卻沒了當年的堅毅，反而多了些陰鬱與疲憊。

　　他說創業比自己想像的艱辛，沒了固定的收入和每天朝九晚五的穩定生活，現在樣樣事情都要自己來，從財務會計、網站架設到業務開發，全部都一手包辦，真的很辛苦。但是靠著熱情還是努力堅持了下來，沒有想過要放棄。直到最近因為經濟收入不穩定，老婆對他的事業很不諒解，覺得沒有安全感。

　　而家人的事業也在疫情影響下一落千丈，甚至欠了一筆債務，希望朋友能夠幫忙家裡負擔，度過這個難關。但我朋友光是負擔自己事業與家庭開銷就已經非常吃緊了，能幫的並不多。在他拿錢回家的那刻，被他爸爸說：「為什麼這麼少？你之前的工作收入這麼好又這麼穩定，沒事幹嘛跑去創業？就為了自己的興趣，你這麼做真的很自私。」

　　他告訴我，如果是自己的辛苦他可以忍，但是父母親與另一半的不諒解，讓他真的很受傷。加上那一句「自私」，讓他在離開老家的那一刻，淚水跟著潰堤、泣不成聲。說完這段往事後，他的語調已帶有啜泣，我默默拿出衛生紙遞給他，靜靜的在一旁陪伴他，讓他壓抑已久的心底感受，能夠得到抒發。

　　人生的不同階段，都可能出現讓人痛苦悲傷的事情，也許是剛從學校畢業，一個人撐起生計，不再依靠父母的時候；也許是當家人有著經濟困難，但你自己卻無能為力的時候；也許是看到自己心儀的對象，和別人甜蜜曖昧的時候；也許是你自己一人傷心難過，需要親朋好友的陪伴，卻沒有一個人在身邊的時候。

　　有人說，成年人的崩潰都是安靜無聲的，外表看起來很正常，會打鬧嬉笑、會談天說地，但實際上內心早已積累了許多負面情緒，他們不能恣意發洩、不能歇斯底里痛哭，也無法旁若無人的瘋狂叫喊，畢竟還有家人要照顧，還有工作要執行，更要裝作沒有任何的事情發生。

　　成年人都有崩潰的權利，但更多的是必須努力撐下去的責任，所以只能任由崩潰在內心裡持續翻騰。

　　過了好一陣子，我的朋友在他安頓好自己情緒後，問了我：「我是否該放棄創業回去上班呢？」

我沉思了一會兒，反問他：「那麼十年後，你想過什麼樣的生活？朝九晚五的穩定生活，但是工作內容可能不是你所感興趣的，還是想要讓自己的熱情與理想實現的生活呢？」

　　他沉默了很久，沒有正面回覆我，只是說：「謝謝你，我會好好思考這個問題的。」

　　半年後他打了通電話給我，跟我說謝謝，因為當時的那一段問句，讓他重新思考，也讓自己再堅持一會兒、熬一陣子，現在的他業績漸漸起色。因為過去的耕耘，顧客們開始介紹身邊的朋友，有了滾雪球效應，讓他的業績日漸成長，雖然還稱不上多麼的好過，但至少每個月的業績都有達到一定的水準，不再像之前支出遠大於收入，至少達到了損益兩平的狀態。

　　他告訴我，在這段期間內，發掘了自己銷售與開發的天賦，過去的他完全沒有接觸過銷售，但是現在的他在與來訪者聊完後，來訪者即對他們的產品產生了極大的興趣。我問他如何做到的？他告訴我：「因為我相信我們家的東西對他們一定能有非常大的幫助，我對我們家的產品有絕對的信心。」

　　我恭喜他，並真心祝福他未來能夠越來越好，也替他感到開心。

　　印度詩人泰戈爾曾經說過：「你今天受的苦、吃的虧、擔的責、扛的罪、忍的痛，到最後都會變成光，照亮你的路。」

　　人生在世沒有不辛苦的生活，總有那麼一段難熬的時光，被工作、事業、生活逼著前行，苦不堪言，生活糟糕到一定的程度，就會漸漸好起來，因為它無法變得更糟。

　　生活並不會一切都盡如人意，但你要明白，所有的經歷都是有其意義的，你所受的苦、吃過的虧、扛在肩膀上的重擔，熬過了，這些最後都會變成光，照亮你的人生道路。

　　人生沒有不辛苦的生活，熬過去，你會脫胎換骨、重新換血，成為一位更好的人。讓未來的你，感謝現在拚命奮鬥、努力爭取的自己。

　　七個問題看見你的天賦，來到了第四個問題：「除了為難自己，你為自己爭取過什麼？」這個過程中，是否讓你回想起過去曾經奮力爭取的自己呢？

　　在章節的最後，我提出三個問題讓大家進行思考：

1. 眼前的事情，讓你正猶豫著自己是否要勇敢爭取，請設想沒有爭取的你，以後會是什麼模樣？

2. 若生活正為難著你，你要如何為自己爭取，你是否有在爭取中看見自己的天賦呢？

3. 若你在爭取中看見天賦，將這天賦落實下去，你的未來會是什麼模樣呢？

Q5 你準備如何拯救這個世界？

導師：黃冠寧

我的價值，從看懂自己開始。
因為聽了一場游祥禾老師的演講，
開啟並激發了我的內在。
透過學習以及與人對話，
讓我在職場上發生大轉變，突破多年盲點，
擁有逆境看見天賦的認知，
快速走出職場低潮期，走出當前的困境。
我知道越是懂得感恩、給予幫助、啟發他人，
越能讓我充滿力量，
為我的生活帶來價值與意義，
活出不可思議的人生。

現職：

- 禾禾商學院共同創業
- 東方心理學認證講師
- 英國 CIP 國際認證講師
- 英國 CIP 國際心理諮詢師
- 種子落點心力分析認證講師
- 曾任職於金融業，年資十五年

著作：《打破情緒框架，世界為你讓路》

我們都與這個世界相連結

你們覺得自己和世界萬物有連結嗎？

在寒冷的冬天，清早起床，窗外有「陽光」灑進你的房間與床邊將你喚醒，你感覺到十分溫暖，這道晨光悄悄影響了你的心情，帶給你精神與力量。你伸了一個懶腰，深深吸了一口新鮮的「空氣」，此刻你感覺到自己活躍的生命力。

接著你下了床，雙腳著地「土壤」，邁開步伐走到洗手間，梳洗打理完後，神清氣爽容光煥發，準備出門工作迎接美好的一天。結束一整天的工作，回到家沖個熱「水」澡或泡澡紓壓，洗去全身的疲憊。

到目前為止，你發現到自己跟世界萬物有連結嗎？有的，原來世界萬物都跟我們息息相關。

2020 年的疫情擴散，持續到了 2021 年，仍未有明顯的改善，地球生病了，但你們相不相信，這個世界上某個角落的某一群人，正在為拯救這個世界而努力，馬不停蹄加緊腳步研發新疫苗，希望能阻止疫情，防止疫情持續擴散，大家不需要再戴著口罩保護自己，可以盡情的大口呼吸。

有一回，參加公司所舉辦的一場淨灘活動，員工與眷屬們一起到海灘去撿垃圾，目的就是希望這個生態能回歸乾淨的狀態。你會發現這個世界上某一處發生了什麼問題，總會有人想

要主動去為這個世界做些什麼。

　　某些團體就會積極主動去推廣「體內環保」，要大家少吃肉、多吃菜，目的是為了讓世界上的二氧化碳排出量降低。大家都想為這個世界盡一份小小的心力，想要共同來拯救這個世界。

　　看到這裡，我想問問你，是否曾經想過或想要拯救這個世界？你們會想嗎？另一個問題，你們會不會好奇，為什麼拯救世界可以看見天賦？這篇內容就是要帶著大家一起來了解，只要你願意拯救世界，就可以看見天賦。

▎世界濃縮成你的生態圈
・定義你的生態圈

　　世界對你我而言，實在太廣且摸不著邊際。我們試著把世界縮小，成為你我個人的生態圈，圈數不限。請你去思考一下你的第一圈、第二圈、第三圈的人，這是比較狹義的定義。當然，你也可以把世界定義成外在世界與內在世界，在這裡我把它定義為個人的生態圈。

　　試著將自己的前三圈勾勒出來。舉例來說，第一圈為我的父母、我的另一半、我的孩子、我的公公、婆婆，第二圈是兄弟姊妹、我的閨密、我的知己，第三圈設定為我的同事、我的

主管、讀書會的朋友，每個人對每一圈的定義可能有所不同。

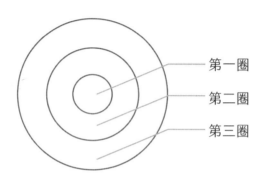

第一圈

第二圈

第三圈

· 檢視你前三圈的生態圈

　　現在的社會，還是有許多人相當冷漠無感，這群冷漠無感的人，不一定想要拯救這個世界，有些人只要獨善其身就好。我們不一定要拯救這個世界，世界這麼大，但是我們可以從拯救我們的生態圈開始。

　　現在我想帶你進入一個穩定的領域，請先將你的心靜下來，試著想像你正待在一個房間裡（房間一），你全身上下乾乾淨淨的躺在一張床上，然而除了你自己是乾淨的，房間裡其他所有能看見的每一處都布滿了灰塵，光線昏暗，天花板與牆角有許多蜘蛛網，地上還有好多個沒吃完的便當盒及垃圾袋，吸引著蟑螂、老鼠、蒼蠅的出現，就像是牠們的聚會。

此外，身旁還有堆疊成山的髒衣服沒洗，空氣中瀰漫著陣陣惡臭。倘若你生活在這樣的環境一百天後，我想請問，你覺得自己還是乾淨的嗎？你覺得你還是香的嗎？

我們再重新試想一回，如果這個房間裡（房間二），你是乾淨的，你周遭的環境也是乾淨整潔的，空氣流通、香氣撲鼻，那麼你喜歡待在這樣的空間環境裡嗎？

你會喜歡哪一個房間呢？我相信大多數的人都會選擇房間二。

現在把這個想像帶回到我們的生態圈，請你再去思考你與第一圈、第二圈、第三圈的人，是不是都是保持舒適的關係呢？也許有人心想，已經做好本分，為什麼一定要跟第一圈、第二圈、第三圈的人感情好、關係佳呢？

你可以不用主動去做，可是你在這個環境當中，到底是你影響了這個環境，還是這個環境影響了你呢？

不知道你看完前面四個章節後，你已經看見自己的天賦了嗎？如果看見了，真的很替你感到開心；如果沒有也沒關係，因為我們都知道，天賦其實不是這麼容易被發掘的，希望透過下一段說明，能幫助你看見你的天賦。

偉人相對有天賦？

關於史上留名的偉人，我們是不是比較可以接受，他們大部分是具有天賦的人？

這句話大家同意嗎？相對之下，這些有名的偉人都具有天賦，這個天賦是他們從小就擁有了嗎？不是！你有沒有發現，這些偉人之所以成為偉人，他們是經歷了多少個逆境，最後才成為我們口耳相傳的偉人。

法國音樂大師貝多芬在十七歲的時候，罹患傷寒與天花，在二十六歲雙耳失去聽覺。在愛情裡也屢屢受到挫折，他遇到了這麼大的逆境，在痛苦絕望中奮力掙扎、絕不放棄、堅持到底，這就是在展現他的天賦。上帝關了一扇窗，他為自己鑿開一道牆，在無聲的世界中，創作出舉世聞名的第三號交響曲《英雄》，實在令人佩服。

一百多年後的美國，一位纖弱的女子，用一本書感動全世界，書名是《假如給我三天光明》，作者是海倫・凱勒。她一歲七個月時因急性腦充血引致失明與失聰，使她無法說話。六歲時藉著她的導師安妮・莎莉文對她耐心教導和關愛，十歲時她父母聘請莎拉・傅樂瓦使她學會發音。

有導師的長期陪伴，讓她學會閱讀與流暢的表達，完成哈佛大學的學業，成為有史以來第一個獲得文學學士學位的盲聾

人士。她樂觀積極、不畏困難、永不放棄的態度，這些就是她的天賦。

　　如果說貝多芬的世界被轉成了「靜音模式」，那麼海倫‧凱勒的世界用「暗無天日」來形容再貼切不過了。一位是雙耳失聰的貝多芬，一位是雙目失明的海倫‧凱勒；失聰的人演奏交響樂，失明的人創作感人書籍。偉人之所以偉大，是在逆境中不迷失自己，最後才成為偉人。

　　我們回到七十多年前，一起來看看亞洲這位偉人，他在印度當地被譽為「聖雄」和「國父」，他經歷了多少個逆境，最後才成為偉人？甘地在英國學成以後，到南非做了一名律師。

　　有一次因公事遠行，他得到了一張頭等艙的火車票，但當時的南非是英國殖民地，種族歧視非常嚴重，有色人種是不能坐頭等艙的。當甘地拖著行李準備上車時，一名白人工作人員看見他是有色人種，就把他的行李扔在月臺上。

　　那一晚，甘地在月臺上凍了一夜。他思考每個人的地位都應該是平等的，為什麼自己會受到歧視呢？甘地堅持不放棄初衷，就是要提倡非暴力、擁護平等、爭取獨立和自由，最終得到了輿論的支持，帶領印度擺脫英國殖民統治。

　　甘地並沒有被外在逆境環境所擊敗，仍然不停努力提倡並推廣，後來現實世界開始改變，這背後就是存在一股強大的

天賦力量，支撐著他完成了初衷。偉人之所以偉大，是因為他一本初衷，共處逆境的同時，其他人失去了信心，他卻下定決心，絕不半途而廢，朝著自我實現的藍圖前進。

・逆境才能夠增生天賦

你有沒有發現，這些偉人之所以成為偉人，他們是經歷了多少個逆境，最後才成為偉人。**我們只看到他們是因為逆境才成為偉人，但我們卻忽略了一件事，他們之所以成為偉人，是因為他們「展現天賦」！所以偉人、逆境、天賦這三件事情，是被綁在一起的。**

關於逆境這件事情，我想要回到剛剛關於地球生病了、世界正在流血的部分，可能你的生態圈已經生病了，我們要有「逆境才能夠增生天賦」的認知。所以為什麼我要拯救這個世界？為什麼要搶救這個生態圈？你可以不要，但是我只是想告訴你，**如果是一個想要搶救生態圈的人，他會在這個過程當中看見他的天賦。**

如果你想要變得更好，你想要改變你的生活環境，只要有心想要做這件事情的人，你一定會看見天賦，因為這是偉人告訴我們的。這是五千年來，不論東方、西方的偉人，在他們的生態圈裡，遇到逆境就能更靠近天賦，在逆境中能增生天賦。

我想再反問大家，你到底要如何拯救這個世界？

世界上的多數人對於這個生態圈是無感的，這也正是我最擔心的問題，很多人想要讓自己變更好，所以可以理解為什麼有超過七、八成的人一直想要去尋找天賦。其實尋找天賦最快的方法，是先有這個認知：**你只要去拯救你的環境，你就會看見你的天賦。**

縱使世界上有一半以上的人都很想要找到自己的天賦，但很特別的是，他們卻不想拯救這個世界，不想主動去挽救自己的生態圈，反而對於天天接觸的生態圈是毫無感覺的。

我現在提供一個概念給你，你只要能夠把你周圍的環境打掃乾淨，把你的生態圈處理乾淨，你願意主動拯救你的環境、你的生態圈，甚至擴大到整個世界，你就能看見你的天賦。你有多麼願意拯救，你就能越快看見你的天賦，這個認知是史上偉人給予我們的領悟與啟發。

請重新去檢視、正視你的生態圈。當我們想要打理我們的周遭環境，讓生活環境越來越好，你曉得當你在整理環境的過程當中，你會遇到多少逆境嗎？你會遇到很多的逆境，你越想要讓你的環境變好，**你的逆境越明顯，你的天賦就越容易被看見。**

▍拯救關係發掘天賦

我們在自己的生態圈中，其實會遇到很多的問題。

你跟你的同事、朋友曾經產生過誤會嗎？你跟你的主管、上司曾經產生過問題嗎？你跟你的婆婆曾經產生過婆媳問題嗎？你跟你的另一半曾經吵過架或是意見不合的摩擦嗎？你跟你的孩子之間的親子互動，曾經產生過溝通的問題嗎？

請問以上所列出來的關係人，是不是就是你的生態圈，是不是天天都與你息息相關，是不是剛好符合你的前三圈？

而這些糾結的關係，其所延伸出來的問題，會讓我看見天賦嗎？當然會呀！你只要主動願意拯救這段關係，你就會看見天賦。你有多願意去鬆綁糾結關係、去解決問題，你就會越快看見你的天賦。

可是多數人都慣性使用與過去一模一樣的行為模式去應對，然後抱著期待與希望可以得到不同的結果，自然看不見自己的天賦，可想而知，結果依然受困其中動彈不得。

越是逃避、越不去面對，當你不想去解決，你越看不見天賦；當你越願意去解決與拯救，你才能在過程中獲得啟發，看見天賦。

・看不見的關係，影響看得見的事情

一位我們過去曾經一起共事的同事，記得某個月她的業績大幅落後，在公司裡我感覺到她是相當不開心的，我看見她悶悶不樂，便主動開口問她：「你還好嗎？需不需要我陪你聊聊？」當下她沒有立刻答應，隔了幾天，她才到我的辦公室找我聊聊。

開啟她的人生使用手冊，從我個人的主觀判斷但尚未與她求證之前，我心裡面已經有了一個可能的答案，她之所以會這麼不開心，並不是來自於工作上的壓力，而是來自於婆媳關係影響到她工作的表現。後來慢慢與她對話，傾聽並求證之後，發現她確實面臨了難熬的婆媳問題。

同事他們夫妻與公婆同住，但兄嫂沒有。當兄嫂與他們都生了孩子之後，兩個孩子白天都請公婆幫忙照顧，由於他們擔心公婆照顧孩子太過勞累，因此下班就趕著回家，立刻接手照顧孩子的工作，讓公婆有多一點休息時間。但兄嫂下班時間比較晚，常常假日才會把孩子帶回去照顧，而且假日朋友聚會也很多，此時也會開口再請公婆幫忙照顧他們的孩子。

兄嫂也經常忽略了孩子的副食品，當準備不足夠時，公婆就會隨口問我同事：「你們有多準備的副食品嗎？你們兄嫂忘了幫孩子準備，可以跟你們拿一份來給兄嫂的孩子吃嗎？」一

次、兩次、三次之後，關係就定調了，後來就變成是他們這對夫妻的事情，時常要準備兩個孩子的分量。

有一回，副食品只剩下一份，婆婆就稍微唸了他們一下：「你們怎麼沒有留意，只剩下一份副食品呢？這樣孩子會餓肚子耶！」這句話默默引爆點燃她的情緒臨界點，她開始變得冷漠不回應，越來越無感。

但是她心裡很清楚，這麼做並無法改善關係與結果，距離反而越來越遠，也因為這樣的關係糾結，進而默默影響到她上班的情緒、工作的積極態度與業績表現，看不見的關係，大大影響著看得見的事情。

陪她聊天的過程中，她的外表雖然表現出冷靜的樣貌，但是我可以感受到，她的字字句句都相當捨不得兄嫂的孩子餓肚子，她內心深處是溫暖且願意給予的人。聊天當中我也分享了《被討厭的勇氣》這本書中所提及到「我們如何看待事物」的這種主觀就是一切，而且是讓人無從逃避的。

現在，你眼中的世界是光怪陸離、複雜而混沌的。可是當你有了改變之後，世界就會回復到原本單純的樣子。所以問題不在於世界是什麼樣子，而是在於你是什麼樣子。

就好像你透過太陽眼鏡在看這個世界，當然會覺得看到的一切都很昏暗。既然如此，你可以不用感嘆這個世界有多黑

暗，只要摘下太陽眼鏡就行了。一開始，你可能會因為世界太過刺眼，忍不住想閉上眼睛，甚至想再戴上眼鏡。這時候，就看你有沒有堅持摘下它、直視這個世界的「勇氣」了。

她開始懂了「事情是中立的」，尊重差異。我們越聊越開心，她自己不斷想起美好的回憶，想到與孩子們之間開心的互動。原本深鎖的眉頭，漸漸眉開眼笑，她告訴我，她知道自己要怎麼做了。於是她決定到禾禾商學院跟著學習，不再逃避，更願意主動調整自己的心態與應對方式。

半年後她捎來好消息，自從接觸學習的環境之後，她抱怨的次數漸漸減少，她更喜歡幫助、主動照顧身邊的人，從無感到有感，無私給予的信念讓她重拾笑容與自信，工作績效也名列前茅。她終於明白，看不見的關係確實深深影響著看得見的事情。

是她親手拯救自己的生態圈，是她自己主動願意去調整婆媳關係，婆婆也主動發了訊息跟她說聲：「謝謝。」

她看到這則訊息時，紅了眼眶跟我分享，她讓自己的前三圈變得更圓滿、更自在。每個人的生活都不容易，在人生旅程上多少都會遇到逆境，以及很難跨越的門檻，只要你願意，你就能在逆境中看見自己的天賦。

・ 好好溝通走向和諧

多數人或許對於心理諮詢師有一個既定的印象，就是他們可能不會遇到情緒與關係的困擾，然而大家都是人類，多少還是會遇到逆境。當逆境發生在不同人的身上，會有不同的看法與做法。

同一個事件，所處的角度不同，也會產生不同的理解。生活中，很多人的感情隨著時間流逝，漸漸沖淡了彼此的關心，這是來自於我的家庭生活。

我的婚姻在過去十年裡，沒有遇上任何婆媳問題，婆婆將媳婦當成自己的女兒一般對待，我這個媳婦備受疼愛，也相當感恩。我不用煮飯、不用洗先生與孩子的衣物，甚至連住所的打掃，也是由公婆經常到我們這樓層來幫忙打理家務，一般人聽到都覺得相當不可思議。

十年前一開始，我確實相當不習慣，因為這種現象跟過去所受到原生家庭的教育，有極大的認知差異，以前在家是不可能有這樣的景象。過去習得的認知是自己的衣物自己洗，碗盤、杯子、房間整理也自己來處理。

兩個家庭的飲食習慣也很不一樣，娘家是菜多肉少，夫家是肉多菜少，住屋的空間也比娘家大上許多，感覺就像嫁到天堂一般，直呼自己實在太好命了！

　　過去十年，每天下班回到家，感覺就像是回到旅館一樣，家裡的衣物、物品等等，全數被收納與整理過一回，甚至連我的衣服都曾經被收走過，當時嚇了一跳，趕緊開口跟公婆說：「我的衣物自己處理就好，謝謝。」

　　在我還沒嫁進去之前，公婆會拿著鑰匙進出這個樓層，婚後也持續這樣的行為，無怨無悔的幫忙我們打掃整理。直到今年初，婆婆因為身體不適、疲累不堪，突然間把兒子叫去訓了一頓，累積多年的抱怨在這一天大崩潰，一口氣將一大堆垃圾與苦水往兒子身上倒，甚至特別寫了一篇「居家清潔守則」，我們趕緊著手進行居家斷捨離，故事就說到這裡。

　　在這個過程中，我面臨焦慮、煩躁、嚎啕大哭、茫然，更對人性喪失信任與安全感，許多負面情緒湧出，我知道這樣的逆境條件下，更能看見自己的天賦所在，更能顯現個人的底氣與內功、涵養與修為，也讓我有了新的啟發，以及修正自己思想言行的機會。

　　我知道當我把感恩降到最低時，內在所產生善的力量會越大；我知道衝突有害無益，盡量把衝突降到最小；我會願意修正調整自己，遇到意見不合，會試著找出彼此的共通點避免爭端，走向和諧，好好溝通。

　　於是我主動打理我的生態圈，看見可能的天賦。我很感謝

發生這個事件，真心感謝公婆無私給予，感謝先生的相互扶持與陪伴，我也藉此跟大家分享我的心境轉化與收穫。

1. 誰的事情誰處理

大多數的父母面對孩子時，都是無條件的給予，充滿愛與呵護，總是希望自己曾經受過的苦不要讓孩子經歷，想用盡一生的愛全心全意投入並給予。但過多的疼愛與幫助，也可能讓孩子失去飛翔的能力與自我成長的機會，「誰的事情誰處理」，學會面對與放下，學習的時刻來臨了。

2. 被人誤解，淡淡一笑吧

如果是事實的話，不需要傷心；不是事實的，更不需要去在意，如果將這樣的記憶持續留在腦袋裡，將新仇舊恨持續不停的攪和，最後散發出來的味道是惡臭難聞的。

我再次提醒自己，多多提取美好的記憶，也就是去謝謝公婆這十年來這麼用心幫我打理很多的家務事，讓我可以安心去做我想做的事業，然後開開心心的陪伴老公、孩子，光是想到這些，感覺自己內在又重拾力量了。

當被誤解時，難免會感到心痛委屈，遭遇不順心時，仍會默默哭泣，但遇到逆境時，越能在短時間內恢復平靜的情緒、

從容以對，也代表著一個人的修養與格局。被人誤解時，淡淡的微笑吧！

3. 剔除受害者心態

　　《停止抱怨的人生》一書中提到，所有的關係一開始都是和諧、平衡的狀態，受害者心態一旦出現，就容易產生一堆抱怨。思考看看，父母對於子女到底是幫助還是干預？是尊重還是掌控呢？不論是親子關係（直線關係）或者是夫妻關係（橫向關係），「要做就不要唸，不要做了心不甘又情不願」，值得好好省思。

　　是誰允許公婆可以隨意幫你們收納、整理？一開始都是出於善意，我們這對夫妻享受父母無條件給予的幸福感，但是多年下來，遺忘了自己事情自己處理。

　　好好珍惜並感謝對自己好的人，千萬不要漠視他人的付出。很多時候，有些問題看似是別人造成的，其實是自己造成的。如果自己一味的迎合討好，你會以為你沒有問題，但其實你的問題很大，因為你失去了自己的底線與原則。人活著都不容易，己所不欲，勿施於人。

4. 給他人需要的

「種子落點心力分析」課程提到:「給他人需要的,而非給他人我想要的。」

分享一則寓言故事:小兔子請小狗吃飯,牠準備了一桌胡蘿蔔,結果小狗勉強吃了兩口後,就再也吃不下去了。過了幾天,輪到小狗請小兔子吃飯,小狗心想,我不能像小兔子那樣小氣,我一定要用最豐盛的宴席來招待牠。於是小狗準備了一桌上好的排骨,結果小兔子也是一口都吃不下去。

你認為的髒亂,不代表別人認為的髒亂;你認為的整齊,不代表別人認為的整齊;你認為的收納,不代表一定適合別人所需要的收納。這樣的擺放與收納,真的是他人需要的嗎?

關係上過猶不及,給人舒服關係才能自在。

5. 破除男尊女卑、重男輕女的傳統思維

過去大多數傳統的觀念,就是女性要一肩扛起做所有的家務事,比如煮飯、燒菜、洗衣、照顧孩子等等,而男性的重心就是在外認真打拚,努力賺錢。

經過時代變遷,生活型態不再是男主外、女主內,多數是雙薪家庭,婚後的男女各自都具備存在價值,雙方互相幫助、給予支持,攜手打造鳥語花香的家庭生態圈。

6. 真理不辯也明

2020 年這波疫情，改變了許多人的工作模式，從實體改為線上視訊，在家也能工作與管理。有些店家基於成本考量，也只能忍痛把店面先收起來。網紅竄起，財富收入也是相當可觀。世界不停變化，訊息來源廣又雜，懂得辨識，認知升級，就可以為自己打造深度、高度與廣度，也才能跟上時代的步伐。

認知拓寬後，能多一份體諒，體諒長輩們所接收到的資訊相對侷限。能多一份同理與接納，也就能明白認知不同，自然理解也大不同。不需要辯到「你輸我贏」才肯罷休，「真理」是不辯也明，家庭關係和諧，夫妻在外的工作事業也就能漸入佳境。

當你有多願意想要拯救，你與生俱來的天賦就會幫助你，在逆境中重新擁有一個簡約和諧的舒適生活空間，視野廣闊，心境的轉變也就不言而喻了。

・微笑面對，問心無愧

大家庭的成員住在同一個屋簷下，原本一個純樸的家庭，娶進來幾位新成員，讓生態有了微妙的變化，可能會衍生出婆

媳問題、妯娌問題、隔代教養、家中男未婚女未嫁等問題。原本和諧的職場氣氛，因公司與企業需要擴編，有新同事的加入，在同一個環境上班，也可能衍生出人際關係、派系問題、職場霸凌問題等等。

不知道從什麼時候開始，大家的臉上表情，都是為了應付他人才有了變化，**讓生態裡的每個人不自覺都進入防衛機制**。

從另一個角度來看，願意嫁進來的每一位女性，其實都相當勇敢，獨自嫁入或進入另一個全新陌生的叢林生態，她不知道要面對的是猛虎、山豬、牛還是兔子，她就簡單相信進入這裡。她要打掉慣性，刻意練習，重新適應與原生家庭不同的教育觀念以及個人觀點。

她也要開始著手行動，與這個生態的每個成員連結。願意跨出既有舒適圈的人，也需要有十足的勇氣。勇於面對、迎接全新挑戰，重新適應新環境的人事物、拓展人脈連結。

仔細想一想，一個人勇闖全新的生態圈確實不簡單，要能夠在裡面生活下來，跟生態圈的人一起過得更好，其內心力量要夠強大，要有足夠的韌性、包容與智慧，因為這是自己的選擇，要為自己的選擇負責。

關係課題無所不在，不論在舊環境或新生態，多少都會開啟「戰」或「逃」的行為模式，我們都很清楚，不論爭吵或逃

避，都無法為此事件帶來好的結果，但是為了生存，為了爭那一口氣，最終還是照自己慣性的意思去做了。

你已經可以預見那不圓滿的狀態與緊繃感，這都不是大家樂見的結果。如果不能改變風的方向，就要想辦法調整風帆；如果不能改變事情的結果，就需要改變自己的心態。

微笑著面對生活，問心無愧才能睡得香甜；微笑著面對生活，一片漆黑才能看見曙光。當你能梳理控制自己的情緒時，你就是又一次成功的向內超越。

· 婚姻，從來都不是一個人的事情

在諮詢的過程中，經常遇到關於感情的課題：「我該離開還是繼續？」

有個女孩曾經被花心浪漫的男生傷害過，因此她最後選擇打安全牌，進入安穩的婚姻生活。這是她分享的故事：

結婚前我就體會到他不是個浪漫的男人，但他是個做事情負責任、讓我有安全感的男人。

婚後我們走在路上，大多是我去牽起他的手，他很少主動；在家裡，是我主動去抱抱他，他也很少主動過來抱抱我。我們夫妻相處這麼多年，他終究還是被動，終究還是個憨厚的木頭先生。家裡的大小事似乎與他無關，孩子很少與他接觸，

而他總是回應：「孩子比較聽你的話呀！」

最近我對這段婚姻毫無期待，有時會產生很想要離開他的念頭。

在公司上班時，總會被一些年輕男同事逗得哈哈笑，整顆心都差一點要跟著飛出去了。自己突然驚覺，這樣的婚姻生活是要維持多久？我一點也不快樂。

為了維持這個看似完整的婚姻，我盡量做到妻子應盡的本分，也嘗試與他溝通，我還去買了育兒書籍、夫妻相處的相關書籍給他閱讀，希望他能有所改變。如果我們夫妻關係再這樣下去，沒能改善的話，我想等到孩子們再大一點的時候，向他提出離婚。

我們是否發自內心關心過對方？牽手擁抱，讓對方感覺不自在嗎？是什麼原因讓他總是不舒服？牽手擁抱才代表自己有被愛的感覺嗎？**用犧牲妥協／控制主導來經營婚姻，結果可想而知，需要回去找源頭，試著同理對方。**

回頭檢視看看自己，為什麼自己這麼在乎是誰主動？有沒有可能是自己的掌控欲望太強？雖然希望自己小鳥依人，卻總是將所有的事情攬到自己身上？關係就這樣一次次的訓練，最終被定調成功，過程中我們絲毫都沒有任何感覺。

　　自己堅持扛著家庭責任，過著安穩的婚姻生活，當初這也是自己心甘情願決定的，在沒有任何退路的情況下，必須一再告訴自己，我可以忍受、我有辦法承擔下去，為了這個家、為了孩子們，我能接受被犧牲掉，我能接受「不做真正的自己」，我能接受「持續壓抑自己的感受」。

　　當壓抑持續久了，內在會隱隱作痛，容易胡思亂想，會想往外尋求，渴望得到愛情的滋潤，內心深處極度渴望被另一半呵護疼愛，哪怕只是簡單牽手與擁抱！

　　你真的心甘情願為這個家庭犧牲奉獻與付出，成為自憐的最佳藉口？在家中握有掌控權以及發言權，已經悄悄影響了另一半與孩子的關係。下班回家後，希望一肩扛起所有家務，自己陪伴與教育孩子。當內在極度不平衡、不舒服時，臉上很難呈現自在的笑容，說出來的話與傳遞出來的能量，就像是斷了訊號一般，這樣的狀態下，家人往往收不到愛的訊息。

　　通常我們花很少時間來認識與了解自己，卻花很多時間去關注另一半。人就是這樣，總想把對方變成自己，但其實我們不用改變我們的另一半，只要從關注自己開始，你就是自己最忠實的粉絲。

　　「關係」看不見、摸不著，但卻可以感覺到它的存在。家是個重視感受、充滿著無條件的愛與包容的地方。當看懂本

質、看懂背後真正的原因後，進而自我覺察，同理與改變，持續給予祝福與感恩，該繼續還是離開，唯有自己最清楚。

我想要繼續我的婚姻，可以呀！

我想要離開我的婚姻，可以呀！

當夫妻間的價值觀不一致的時候怎麼辦？你想不想解決它呢？想！棒極了！剛剛已經告訴你了，**解決的過程，你會看見自己的天賦。**

你只要解決這件事情，會得到兩個好處，第一個是夫妻關係變好了，第二個是你發現了自己的天賦，這是多麼棒的事情啊！可是我們當遇到關係問題時，最後做出的決定可能是離婚，要不然就是換部門、換工作，我們根本沒有進入到事件本身去解決問題。

所以你看這件讓你痛苦的關係，你願意承受嗎？你去做了什麼爭取？當價值觀混亂的時候，當關係混亂的時候，你要記得，是你快看見自己的天賦了。

▌由你決定你的生態，進而展現天賦

在這些年對話諮詢的過程中，我發現只要是一個願意在團隊、工作或關係裡調整改變生態圈的人，基本上可以從這些人身上看到幾個天賦：

第一個是「分享」

　　這群人天生熱愛學習，無論哪種主題，都會受學習過程吸引，過程比內容或結果更令你感到興奮，從無知到足以勝任、執著精進的過程，使這群人的能量飽滿，他們更願意將學習後的作品（手工餅乾、甜點、蘿蔔糕……等等）主動分享給身邊的人。

　　他們內在存在著一股「施比受更有福」的信念，願意付出，主動給予。當他們人生面對任何突發狀況，只要願意做到不力求表現，不以自我為中心，更懂得專注且深耕所學，提升自身持續力，即可展現出可能的天賦。

第二個是「連結」

　　這群人天生具備魅力，能與熟識人的關係更緊密，也能享受跟陌生人成為朋友的新鮮感，與朋友相處會讓這群人得到極大的樂趣與力量。喜歡結識陌生人，贏得他們的好感，想找出彼此的共通點，以便持續交談、建立密切關係，打破僵局、讓彼此有交集，使你很有成就感。

　　做人處事相對圓融，秉持著出外靠朋友、廣結善緣的信念，人氣指數相當高、勇於接受挑戰。當他們人生面對任何突發狀況，他們只要願意剔除自掃門前雪的冷淡，放下身段，剔

除姿態高、自我意識強的狀態，更懂得珍惜現在所擁有的一切，抱怨聲漸隱，即可展現出可能的天賦。

第三個是「樂觀」

這群人天生保持好心情，總是笑容可掬、無憂無慮，大家都喜歡和你相處，希望能像你一樣樂觀豁達。他們深信活著真好、樂在工作，不論有任何挫折，都不能失去幽默感。他們開朗大方，有一種「船到橋頭自然直」的信念，面對突如其來的事情，不易被影響太久，不論結果是好是壞，處理過程的心理狀態多半是開心且愉快，一切都好。

當他們人生面對任何突發狀況，只要願意彈性調整，不自我設限、裹足不前，更懂得散播歡樂散播愛，即可展現出可能的天賦。

第四個是「放心」

這群人天生擁有自信，希望在別人眼裡舉足輕重、真正被肯定，也希望身上的優勢備受讚賞，並渴望自己因為值得信賴、專業、成功而受到推崇。要求擁有工作上的自主權，能依照自己的方式去執行，讓自己保持在向上提升、擺脫平凡、出類拔萃的環境裡。

擁有持續不放棄的精神，會讓身旁的人感覺到一股「有我在你放心」的信念，他們充滿正義感，自我要求高，重視細節，成熟穩重，有膽識並為自己拓展新局面。當他們的人生面對任何突發狀況時，只要願意剔除固執，放慢腳步不急躁，展開笑容，懂得以德服人，即可展現出可能的天賦。

第五個是「感染力」

這群人天生具備同理與傾聽，有自己的核心價值，樂於助人，甚至追求靈性，以責任感和高道德標準對自己或別人，而這些核心價值以多種思維、認知去影響身邊的人，為生命帶來意義，散發出一股強大「以和為貴」的信念，會讓人願意卸下心房、吐露心聲，並給人一種穩定舒服、安定力量以及溫暖氛圍。

當他們人生面對任何突發狀況，他們只要願意剔除虎頭蛇尾、得過且過的心態，培養責任感與上進心，更懂得適時給予幫助，即可展現出可能的天賦。

可想而知，當一個人沒有去分享、沒有與人連結、缺乏樂觀、無法讓人放心、缺乏感染力的人，可能就會遇上更多關係的困擾，其生態圈是混亂的。只要你能夠從日常生活的細節

中，留意天賦留下的蛛絲馬跡，就能夠尋找到打開天賦大門的鑰匙。

▍向生態圈的人學習

職場中很多人都會認為，良師益友不易尋找，但孔子說過：「三人行，必有我師焉。」與我們一起上班的這群人當中，或許就能讓我們看見自己的天賦。

以前有位同事跟我分享，她這些年在其他銀行工作的成長心得，同事跟我說，她剛到職場工作時，碰到的主管或是同事都對她很不友善，但是她打從心裡很感謝這些人，因為從他們身上學到很多東西。聽完她的話之後，我很好奇的問她：「他們對你那麼不友善，你從他們身上可以學到什麼？」

我同事回答：「當時的感覺並不舒服，可是也因為這樣，我學會如何待人處事，而且他們身上有很多的優點值得我學習，現在我都還覺得他們是我的良師益友呢！」

多數人會認為，良師益友一定是對自己很好或是有助於自己的貴人，但有時候我們的良師益友卻可能是出現在我們身旁的平凡人，甚至是逆境貴人，每個人身上都有值得學習的地方。

・老天爺關了一扇門，必定會再為你打開另一扇窗

我自己也有過這樣的經驗。之前在銀行上班當理專時，多少會有利益上的衝突，同事間為了爭取業績而失了和氣，抱怨主管資源分配不公平，同儕之間搞小團體、小動作頻頻、人際關係失衡而遭到排擠……等等。當初有一位女主管，她被上司派來的任務，就是要把我從這家分行趕出去。

可想而知，過去的我肯定有做出什麼讓上司不舒服的行為，才會讓上司下了這道指令，派這位嚴格出了名的女主管來到我面前。當時的我非常恐懼、手足無措，傳言她對部屬非常嚴格且兇悍，要求非常的高，業績逼得很緊，很多同事在她的高壓要求下，幾乎都紛紛想要離職。

老天爺關了一扇門，必定會再為你打開另一扇窗。正當我心灰意冷時，2016 年 8 月 15 日，銀行邀請了游祥禾老師前來演講，現場有兩、三百人的金融業菁英與主管，這一場演講開啟了我的內在，提升了我的認知，我告訴自己：「我要拯救自己，我要讓自己變得更具有價值。」

於是我跨出學習的第一步，參加禾禾商學院的課程，接觸東方心理學（玄學、心理學、哲學三大主軸），從看懂自己的本質開始，開啟了我對人的心理狀態與行為模式的好奇，展開一連串的與人對話，漸漸領悟出本質不變、重新定義與認知升

級的重要性，讓我內在更具力量去啟發與幫助他人。

　　我心裡有個聲音不停迴盪在耳邊：「我決定要捲起袖子、落實所學，將生態圈打理乾淨再選擇離開。」於是我選擇停止抱怨、投資自己，天天練習與人對話，與主管、同事、客戶對話，分享他人本質與天賦，分享游祥禾老師的每一本著作，買游祥禾老師的書送給每一位同事、主管，不論在晨會或是夕會，我就會迫不及待將剛學到的認知跟身旁的人分享。

　　後來我發現，其實這位女主管對事情的思維邏輯與計畫能力都非常強，我也從中慢慢學習她的優點。在她嚴格磨練之下，我也脫胎換骨，看見我的天賦。我發現自己越來越能在動盪的環境中站得更穩，當自己在面對組織異動或是對於各種人事物的觀察與思考，都有很大的進步。

　　謝謝這位令我恐懼焦慮的良師益友，帶給我的影響與成長。謝謝良師游祥禾老師的教學與指導，讓我不再原地踏步，將「東方心理學」這套學術運用在職場上與生活中，果然有意想不到的超級好效果，讓我看見不一樣的自己。透過持續與人對話、他人反饋，更強化了內在自我價值提升的強大信念。

　　接著同事們看見我的轉化，好幾位同事也跟著來學習「東方心理學」以及禾禾商學院其他的課程，漸漸我們的生態圈越來越乾淨，大家一起共振共好，不分你我，共同奮戰。生命中

有好的老師陪伴，有好的主管帶領，有好的同事們同心協力，一起讓整家分行業績名列前茅，是一種興奮以及滿滿的感謝與感動。

‧ 心態，才是核心關鍵

很感謝公司當初舉辦那一場演講，感謝當初的自己，做了最正確的選擇，投資了自己的腦袋，開啟了我的斜槓人生。跟著禾禾商學院學習至今，將所學落實在自己的生活中與職場裡，到處分享與人對話。我也親身體驗到財富收入倍增的驚人效果，業績表現成長大幅度優於過去的自己，而且至今我仍興奮不已。

謝謝這位女主管，讓我後來在職場上如魚得水，如果沒有她這樣的嚴厲教導，我內心的潛力與天賦或許就沒有辦法完全發揮出來；謝謝我的恩師游祥禾老師，讓我有勇氣、有力量打造屬於自己乾淨的生態圈，讓自己在銀行界留下美好的代表作，這真的太有真實性了，是一段很值得紀念的人生旅程。

真正的良師益友，是要看對自己未來的影響層面，以及在過程中我們怎麼看待這個人與這件事情，過程中就能看見自己的天賦。

古人云：「他山之石，可以攻錯。」有時候有些人做出了

某些示範，在過程中我們記取這些經驗，逆境貴人也是我們的良師益友，自己如何看待周遭人事物的心態才是關鍵。

老子說：「道可道，非常道。」意思是說，任何事情不要只用言語去理解，更重要的是透過五感（眼、耳、鼻、舌、身）去實際體會感受。我想將所學讓社會上更多人來真實體驗這門學術的美好，讓更多人看懂自己的本質，於是我展開行動，在 2020 年 3 月 31 日，我選擇從金融業離開伴我成長十五年的公司，這是我人生中重要的轉捩點。

特別感謝我的先生杰哥支持，特別感謝禾禾商學院創辦人游祥禾老師的無私給予、指導與提攜，讓我重新找回真正的自己。我不再只是活著，我選擇做我最想要做的事情，跟著游老師的團隊共同創業，每天都感到十分興奮。非常感恩能遇到這樣的領導者，看見我的價值，把我放在團隊中適合我的位置，呈現我真實的樣貌，與團隊共創未來，為這個社會做一些貢獻。

· 逆境為傑出者打造天梯

拯救世界，就是拯救你的生態圈！生態圈是非常小的，狹義的想法就是你的第一圈、第二圈、第三圈的人。再思考一次，房間裡除了你自己是乾淨的，但其他地方都是髒的，你一

個人再怎麼乾淨，整個房間還是不乾淨、有臭味，你怎麼沒有想要去清理垃圾或打掃房間呢？

你花多少時間在哪個生態裡面？你要怎麼去搶救你的生態圈？你主動整理，你會在這個生態找到你的位置，你會看見你的天賦，你要去看自己的生態圈，這是你自己選擇出來的朋友，是你選擇在這個生態圈裡學習，一起跟生態圈的人變得更好，打造屬於自己的生態圈，你才能在這裡面受益。

順境為成功者鋪設軌道，逆境為傑出者打造天梯，逆境越明顯，就越容易看見天賦。主動選擇乾淨的學習環境，願意選擇向上向善的生態，你將由內而外散發迷人香氣，你會更快看見你的天賦。

Q6 如果你必須離開家，你會做什麼？

導師：楊豐澤

2019 年通過游祥禾老師創辦的
「禾禾商學院專業講師培訓」，
並取得英國 CIP 國際心理諮詢師證照。
現今任職於禾禾商學院，
從事心理諮詢與教育培訓，
已累積一對一諮詢超過 700 人次。
擅長伴侶感情、工作事業、個人本質與人生目標。

——— 現職：

- 禾禾商學院共同創業暨設計師
- 東方心理學認證講師
- 種子落點心力分析認證講師
- 英文能量姓名學認證講師
- 英國 CIP 國際認證講師
- 英國 CIP 國際心理諮詢師
- 廣州華南師範大學應用心理學系研究生

「必須」離開「家」

在上一個「你準備如何拯救這個世界？」的問題當中，作者提到每一個人只要願意改變自己的生態圈，在這過程當中就可以看見天賦。

你們是否在閱讀上一個問題的過程，腦海裡有閃過這樣一個念頭，這個念頭是，為什麼我非得要拯救生態圈呢？如果我不願意去改變自己生態圈的話，是不是就看不見天賦了呢？

在現實生活當中，也許就有那麼一群人，此刻他們生活的目標清晰明確，正追逐著充滿希望的未來，那股正向且充滿希望的力量，不斷驅動著他們持續前行，他們擁有充裕的資源，良好的環境，還有旁人肯定與支持，對於這一些人而言，他們毋須去改變自己的生態圈。

也許還有這樣的一群人，他們的生活正面臨著一再襲來的困境和問題，這些困境和問題使得他們對現在的生活狀態感到極度的絕望。他們資源匱乏，環境和旁人都無法給予需要的幫助與支持，而這樣強大負向的絕望力量，逼迫著他們必須為了能夠繼續生存下去而做出抉擇。最終他們只能選擇離開原有的生態圈，而不是改變，他們也無力去改變。

所以，如果我是生活正充滿著希望的那一個人，現在有更想要做的事情，還有更想去的地方等著我，那麼我可不可以選

擇去完成這些事情呢？

　　如果我是生活正面臨著絕望的這一個人，面對生活的無力感、生存壓力，我可不可以選擇轉身離開就好，選擇不要去處理和改變生態圈呢？

　　這兩個問題的答案都是一樣的，當然可以！每一個生命的起點都不同，當他們各自來到同樣的一個時間點時，當下展現的狀態也各自不同，也許是平淡無奇，也許是充滿希望，也許是充滿絕望，我們都應當給予尊重。

　　經由前面的提問和思考引導，逐漸帶出「七個問題看見你的天賦」中的第六個問題：如果你必須離開家，你會做什麼？

　　首先，給予「必須」兩個字一個清晰的定義。必須，就是唯一的選擇。

　　有了定義之後，回到第六個問題，也就是說「必須離開家」，對於一個人而言，一定是因為在當時的人生遇見了某種情況、情境，在這樣的情況和情境之下，他的最佳選項僅有離開家，沒有第二個更好的選擇了！

　　接著，再來談談「如果你必須離開家，你會做什麼」？

　　問題當中提到的「家」，你們有想過為什麼不是離開城市、離開祖國、離開地球，而是離開家嗎？因為「家」對於每一個人而言，是獨一無二的生態圈，同時對於一個人的心智發

展和成長，有著不可取代的地位。一個個體生命從母體子宮孕育出來之後，就和家有了非常密不可分的連結，在個體生命還沒有完全自主謀生的能力之前，家就是一個培育個體生命的子宮，為它帶來保護、帶來安全感、帶來溫暖、帶來愛。所以家對每一個人而言是很難割捨，很難輕易就可以離開的生態圈。

試問，你會在茶餘飯後，閒著沒事就想著要離開家嗎？相信大多數人的答案肯定不會。我們出生在這個家，生活和成長也在這個家，悲傷和快樂的記憶都在這個家，任誰都不會輕易想著要離開。通常只有在不得不這麼做的情形下，你才有可能「考慮」需要離開這裡。而且這也僅僅是考慮而已，要做出離開家的決定，肯定還得讓你傷透腦筋。

既然家這麼令人難以割捨、難以離開，我們就一起來思考跟探討，為什麼「必須離開家」。

為什麼你現在不在家？

這裡有一個問題想要問一下大家，請問你兒時出生的城市，和你成人之後生活的城市是相同的嗎？你現在長時間生活居住的家，和你出生後居住的家是同一個嗎？

如果以上其中一個問題的答案是否定的，請你接著回想，當時你們是為了什麼目的和原因，最後選擇了離開家？

在撰寫本書之前，我將相似的問題放在個人臉書上，並私下問了一些身旁的朋友，我問他們：「遠在他鄉或不住在家裡的你，當時是什麼起因讓你決定離開家？」這個問題獲得許多朋友熱烈的反應，總共收到了四十幾則的回應，他們紛紛留言述說了自己當時是為了什麼而離開家的故事，最後我將這些回覆一一彙整，並整理出六個回覆跟大家分享。

1. 「我不想住在高牆裡面，我想要離開，否則我的人生只能隨他們安排。」

   這是第一位和大家分享的回覆，從他回覆的文字當中可以很清楚的理解，他之所以選擇離開家，是因為「家」帶給他的感受，就像是住在一個禁錮他的地方，四周圍繞著難以攀越的高牆，他的人生只能任由家人安排，無法自主。直到有一天，當他認知到自己有能力可以離家謀生的時候，就毅然決然做出這唯一的選擇，離開了家。

2. 「從小到大，父母親從來不在意我的感受跟想法，總是拒絕我還有反對我，回到家我只想把自己關在房間裡，長大後連和他們吵架的力氣都沒有，不和他們住在一起反而比較好。」

這是一位曾和我對話諮詢過的朋友，他回憶起兒時生活，每次當他下課回到家，想要和父母親分享在學校遇見的事情時，他們大多數的時候都是拒絕他，並要求他快去讀書，說：「這才是小孩子應該要做的事情。」譬如想和父母親分享今天上課學到了什麼，或是今天放學回家的路上遇見了什麼有趣的事情，他們一概不想聽。還有，當他和父母親提出好想要去學習點什麼才藝、課程，他們永遠都是反對的。久而久之，他再也不願意和父母分享，也不再提出自己的心願了。

　　回家，讓他感到越來越不快樂，所以之後只要一回到家，就把自己關在房間裡。當他逐漸長大後，開始懂得為自己做出選擇和更多的爭取，但是往往都是以爭執結束，直到後來他再也沒有力氣了。所以當時他就認為，等自己長大了之後，不跟父母住在一起反而會比較好。最後，在他出社會工作並有能力賺錢後，就選擇離開家。

3.　「因為負債，老公跟我離了婚，工作也沒有了，身旁沒有人願意幫助我。最後我選擇到大陸，一切重新開始。」

　　第三位朋友是因為長期背負債務的關係，工作被辭退，老公選擇和她離婚，小孩也被老公一起帶走了。那段時間她痛不欲生，身旁卻沒有任何一個人願意伸出援手幫助她，她心想：

「還是離開這裡吧！」並希望人生的一切可以重新開始。最後，她不得不選擇離開家，並去到距離 1,831 公里遠的北京。

4. 「大學升學考試時，不小心考到臺灣北部的學校，後來不小心談了一段戀愛，結了婚、買了房子！」

　　第四位朋友的人生，就在一次又一次的不小心之下離開了家，從此就再也回不去了。比起前面三位朋友的際遇，這相對是一個充滿喜悅的分享，因為她的人生到了大學時，進入一間位於臺灣北部的學校，科系和學校都是自己非常嚮往的。

　　所以她在充滿喜悅的狀態下決定離開家，而這份喜悅對於當時的她來說，就是唯一的選擇，她就是要去讀這間學校，她就是想要念這門科系呀！所以，她開心的離開了家。

　　而在那之後，她還遇見了自己心儀的男孩子，並和對方談了戀愛。歷經了幾年的愛情長跑之後，兩個人也順勢結婚，並且一起買了房子。就這樣，她當初喜悅的唯一選擇一直延續下去，離開家這件事情也就跟著一直持續到現在。

5. 「公司派我到福建設立分公司，並提拔我為分公司經理！」

　　這同樣是充滿喜悅的回覆，我相信任何一個人如果在職場上遇見和這位朋友一樣的機遇，公司派遣你去海外設立分公

司，並且全權交給你計畫安排，一定是狂喜不已！人生遇到了一次非常棒的提昇，它是一個挑戰，同時也是一次很棒的成長機會。當然，這位朋友最後把握住這次機會，選擇離開臺灣，去到福建展開這趟旅程。

6.　「去實踐夢想，待在家裡會變成廢物。」
　　最後一位朋友回覆，她為自己人生做出了一次非常重要的唯一選擇，離開家。因為她清楚知道，離開後就可以好好實踐自己的夢想，因為待在家裡實在是太舒服了，一直待在家裡無憂無慮的過生活，會讓自己變得像廢物一樣。所以，現在的她已經在臺北一個人工作和生活將近三十年的時間。

▎選擇背後的驅動力，由內心情緒激發啟動
　　先回到文章一開始，我們談到關於家對於每個人而言的意義，家是一個我們很難割捨、很難輕易離開的生態圈。所以，對於這六個選擇離開家故事的主角而言，離開家就代表了一次人生當中舉足輕重、影響甚遠的重要「選擇」。
　　他們的故事有逆境也有順境，但不論當時遇到的是逆境還是順境，最後他們都鼓起了勇氣，做出離開家的決定。經由這樣的思路，我們再更進一步來思考，當你在人生的某一個階

段，要做出一次很重要的選擇時，在做出選擇的行為背後，一定有一股很強大的內在力量推動著你，並促使你做出決定。

　　而那一股強大的內在力量，我將它稱作為「驅動力」，是它使得一個人在面對逆境和順境時，得以做出重要的決定，決定要選擇離開家。而這股強大的內在力量、強大的驅動力背後，正是源自於每一個人「內心情緒」所引發。**如果說「驅動力」是引擎的話，那麼「內心情緒」就是通電啟動這架引擎發動的電力。**

　　什麼是「內心情緒」呢？在前面提到了六個人的故事，他們都在人生某個階段遭遇到了順境或逆境，那時在他們內心裡都產生了不同的思緒及情緒反應。

　　遭遇逆境的朋友，內心產生的思緒想法是：「我想要趕快離開這裡，去展開新的生活！」這是一股很低潮的情緒，又稱之為「絕望」的情緒；而喜逢順境的朋友，內心產生的思緒想法則是：「我好想趕快去到那個地方，快點展開新的生活！」他們內心是很澎湃高潮的，那是一股極度高漲的情緒，又稱之為「希望」的情緒。

　　然而不論是絕望還是希望的情緒，它們的出現就會觸發、啟發一個人內在的強大驅動力，當這具驅動力引擎一旦被啟動了，並運轉熱機了一段時間之後，就會使得一個人做出「我要

離開家」的決定。

　　我想清楚定義一下「絕望」和「希望」。

　　什麼是「絕望」？無路可走、失望無助的消極情緒，認為所有行動都是徒勞。絕望代表著一個人的人生走到了非常低谷到不能再低谷的情況，在那樣的環境氛圍、生態圈裡面，一個人會主觀認為，接下來他所做出的任何行為，很大機會都將是徒勞無功的，他會覺得：「我不如離去吧！也許會更好。」所以，絕望所產生的正是消極情緒。

　　什麼是「希望」？不屈不撓、相信實現的積極情緒，認為所有行動都是收穫。每一年接近年終歲末的時候，我相信有許多人，不管是身邊的朋友、家人們，都有可能在這個時間點獲得了升遷、加薪的機會，或是有些人決定要開始去創業了，或者被挖角獲得一個更好的工作機會，這些事對於當事人來說，肯定是一個充滿希望的好消息。

　　但與此同時，充滿希望的好消息背後，也可能會引發另外一種不安的情緒，因為升職、加薪也意味著要背負更大的責任，可能從以前只要負責 100 萬業績，但接受了升職、加薪之後，就要負責 200 萬的業績。

　　但是在不安情緒來臨的當下，同時又會燃起一股不屈不撓的鬥志，你會相信如果接受了這次的升職、加薪，就一定可以

實現要賺到更多錢的目標，也相信自己在新的職位上，一定會有更好的表現，來證明自己的能力。所以相較於絕望，希望是非常正向積極的情緒，你會認為接下來一切付出跟行動，帶來的結果一定都是收穫。

看見天賦的最佳契機

　　清楚定義絕望和希望之後，接著我們一起來對這六位朋友回覆的故事進行「內在情緒」分辨。下面我將每一個回覆裡的關鍵詞用「*粗斜體*」標註起來，請你試著將自己置身在每一個情境當中，並分辨出內在情緒是絕望還是希望。

　　我們開始囉！首先是第一位朋友的回覆：

1.　「我不想住在高牆裡面，我想要離開，*否則我的人生只能隨他們安排。*」
　　如果你的人生和這位朋友一樣，所有人生目標設定和選擇都只能隨他人安排，自己完全沒有辦法選擇跟決定，這樣的情境對你而言，產生出來的內在情緒是絕望還是希望呢？

2.　「*從小到大，父母親從來不在意我的感受跟想法，總是拒絕我還有反對我，回到家我只想把自己關在房間裡*，長大

後連和他們吵架的力氣都沒有，不和他們住在一起反而比較好。」

　　試想，當你每天回到家，就只想將自己關在房間裡面，你絲毫不想見到父母親，因為打從心底知道，父母親對你說的任何話、做的任何事情都毫無興趣，你的選擇和爭取，永遠也都是拒絕和反對，在如此的情境當中，你所產生的內在情緒是絕望還是希望呢？

3. 「*因為負債，老公跟我離了婚，工作也沒有了，身旁沒有人願意幫助我*，最後我選擇到大陸，一切重新開始。」

　　此刻的你，背負了龐大債務，受不了長時間被討債公司騷擾，感到不安的老公選擇和你離婚，你的工作也因為在種種因素干擾下，最後也沒了，當你身處在這樣情境當中，產生的內心情緒是絕望還是希望？

4. 「大學升學考試時，不小心考到臺灣北部的學校，後來不小心談了一段戀愛，*結了婚、買了房子*！」

　　你們覺得結婚對一個人而言，產生的內在情緒是絕望還是希望？如果你是已婚人士，這個答案就請你先在放心中。前面有提到關於必須離開家的選擇，對於一個人而言，一定是因

為人生在當時遇見了某種情況、情境，在那樣的情況、情境之下，對於當事人而言他的最佳選項僅有離開家，沒有第二個更好的選擇了。

那麼以結婚來說，當時的你一定是沉浸在求婚喜悅當中，而那時的喜悅程度來到前所未有的巔峰，你很開心的想：「他給出了承諾，並要和我一起度過餘生。」當下的喜悅，更多是來自於有人認同你了，想要和你永結同心，一起攜手走過接下來的人生。在這樣的情境下，結婚、買房子對你而言，產生的內在情緒是希望還是絕望呢？

5. 「公司派我到福建設立分公司，*並提拔我為分公司經理*！」

    這是一個難能可貴的機會，公司指派你到福建設立分公司，還提拔你成為那間分公司的經理，在這樣的情境當中，對你而言產生的內在情緒，是希望還是絕望？

6. 「*去實踐夢想*，待在家裡會變成廢物。」

    我相信在每一個人內心裡，都有一個夢想想要去實踐，如果有一個機會可以去實踐夢想，大多數的人會是很開心、興奮、迫不及待的，即使你知道實踐夢想可能會遇到一些挑戰，

你仍會欣然接受，在這樣的情境當中，對你而言產生的內在情緒是希望還是絕望呢？

分辨完這六個情境的內在情緒之後，到底和看見自己的天賦有什麼關係？這之間當然有很大的關係，因為在每一個絕望和希望的故事背後，都是使你看見自己天賦的最佳契機。可惜的是，大多數人在遇見逆境和絕望的時候都只是抱怨，抱怨命運、人生不公，並陷入在長時間的痛苦當中。而那些遇見順境和希望的人，也同樣錯失看見自己天賦的機會，因為大多數獲得升遷和加薪的人，在一陣狂歡與慶祝之後就結束了。

到底該如何在絕望和希望的經歷當中看見自己的天賦呢？接下來將經由一個絕望的故事和一個希望的故事，帶著大家實戰練習，透過這兩個故事去真正的了解並意識到，如何從絕望跟希望的經歷當中，看見自己的天賦。

▎逃離需要更大的勇氣

關於絕望的故事，也是前面六位朋友回覆的其中一位的故事：「因為負債，我跟老公離了婚，工作也沒有了，身旁沒有人願意幫助我，最後我選擇到大陸，一切重新開始。」

這是一位四十六歲的大姐，我們稱呼她叫小天，我們在

一次的一對一諮詢當中認識了對方，當時她的人生在幾年前遇到了低谷。那時候她和我述說了小時候的成長歷程，從她的描述當中得知，從小她就為原生家庭付出很多，是非常孝順的孩子，但也過著不尋常的童年生活。

小天是家中長女，底下有三個弟弟、妹妹，由於她母親是比較不負責任的家長，因此她從小就代理母親的職責，負起照顧弟弟、妹妹的責任。就這樣，小天和母親還有弟弟、妹妹的關係，就進入到一個長期性的關係定調，這樣的關係一直延續到她長大後仍持續著，家裡不論發生任何問題都是找她解決。

就在十年前，她的母親跟妹妹在外面倒了別人的會，欠下了好幾百萬元的債務，小天最後為了保全母親還有妹妹，簽下了債務清償的擔保人。在現在來看，好幾百萬元對有些人來說，不過就是和開一間公司去貸款幾百萬元差不多的意思。可是時光背景不同，在當時對一個家庭主婦來說，要去背負幾百萬元的債務，是一個非常沉重並且會令人感到痛苦的事情。

之後，小天的婚姻也因為被討債公司不斷找上門而破裂。小天的老公實在無法再接受那樣的生活，因此和她提出了離婚，並帶著小孩離開了。後來小天的工作也因為討債公司好幾次上門騷擾，帶給公司同事很大的困擾，老闆最後實在不敢再僱用她，就解僱了小天。但最令她感到絕望的是，當時身邊所

有的家人、朋友，她居然找不到任何一位願意給予她幫助的，最後這幾百萬元的債務，她也只能自己想盡辦法償還。

　　小天的償還能力實在有限，長時間過著追著錢跑的生活，她再也支持不下去了。小天實在沒得選擇，她心想真的沒有辦法再繼續待在臺灣，經過了一段時間的考慮，她決定要離開家，要離開臺灣去到另外一個國度，一個討債公司找不到她的地方，她極度渴望自己的人生可以一切重頭開始。

　　關於「如果你必須離開家，你會做什麼？」這個問題，對於小天而言，她想要的是：「我要活下去。」因為這樣的信念，致使她決定離開家前去大陸。

　　經由小天的故事，我們一起來思考一下，經歷長時間生活在絕望的逆境後，小天不想再堅持下去了，不想再處理負債的事情，不想再去面對一切逆境困難，最終她選擇離開。而在這個不願意再去面對和不堅持的故事當中，你還看見了什麼？我們還可以思考自己過去經歷過的絕望經驗，你在那一段逆境、絕望當中看見了什麼？

　　在上一個問題「你準備如何拯救這個世界？」中提到，我們要去面對問題，要試著去改變自己的生態圈。但是說到面對問題，可能很多人會立刻感到卻步，也會聯想到面對問題沒這麼容易，需要勇氣。但是當無法再面對問題時選擇了逃離，你

知道嗎？其實逃離比面對需要更多、更大的勇氣。

原本你的人生計畫是要獲得幸福、獲得財富、獲得成就，只要一直往前走，就可以走到最想要抵達的人生目標。可是就在這前進的路上，你遇到了一個阻礙你前進的逆境危機，它逼得你不得不選擇在下一個路口，一定要做一個彎度大於 90 度的急轉彎。重點是，這個急轉彎一轉過去之後，你不知道將會遇到什麼，有沒有可能彎一轉過去之後，你就遇到了一位歹徒，又是一個逆境危機，他奪去了你僅剩的錢財？有沒有可能你一轉彎過去之後，就直接墜入了一個很深的山谷裡，然後你就再也爬不上來了？

然而不論轉彎後會遇到什麼未知的情境，未知就會帶來恐懼和不安的感受。與此同時，在你眼前的逆境危機還存在著，它沒有因此而消失不見，如果不離開，就是繼續承受過去的痛苦。你陷入膠著，一邊是持續痛苦，一邊是未知的恐懼。但只要你內心依舊抱有「我要活下去」的信念，就會對轉彎之後可能遇見更好的未來，抱有一絲的希望，只要這個希望現出一線曙光，最終你還是會選擇離開，選擇逃離令你難過的地方。

所以，逃離有時比面對需要更多勇氣。只是通常我們對選擇逃離者的解讀是，他一定是一個不負責任的人，只想要輕鬆過生活，他就是一個扛不起、承擔不了責任的人，只有這樣的

人才會選擇逃離。但我們都未曾想過，**當人生遇到逆境絕望的時候選擇逃離，比我們所想像的還需要更多、更大的勇氣。**

　　讀到這裡，你們是否從小天的人生經歷當中看見了她有什麼天賦嗎？沒錯！那就是「勇氣」。當你的人生遇到逆境絕望並做出離開家的決定，背後就隱藏了「勇氣」的天賦。

▎漂泊的浮萍

　　小天後來選擇到距離臺灣 1,831 公里遠的北京，當時的北京對於許多華人來說，是一個非常適合創業和圓夢的城市，但是能夠在這裡存活下來的創業、圓夢者卻是少數。小天也不例外，來到北京之後，短短兩年的時間，她就像浮萍一樣，漂泊、流浪了二十多個城市。試想，在南北長度僅 394 公里的臺灣，要從南部的城市北漂到臺北謀生，很多人都沒有勇氣做到了，對比小天，她在一個完全陌生的國度漂泊了二十幾個城市，那是多麼令人感到驚訝的事情！

　　《聖經・馬太福音》中有一句名言：「凡有的，還要加給他，叫他有餘；凡沒有的，連他所有的，也要奪去。」在漂泊旅程中，小天遇見了很多考驗和逆境。在大陸，一個城市就可能具有兩種以上的地區方言，如果曾在大陸工作或謀生過的人都知道，這也是一個很大的考驗。由此可知，小天在漂泊了

二十幾個城市過程中，肯定遇見了數以萬次的語言溝通困難，但她依舊一個一個克服。

　　小天遇見的困難還不僅如此而已，窮困潦倒的她，被騙走了身上所剩無幾的錢，最後實在找不到落腳居住的地方，只能在街頭尋找可以遮風避雨的角落，蓋著外套度過夜晚。但不論經歷多少考驗和逆境，漂泊多少個城市，她依舊展現十足的生存意志，穿越過每一個城市，並且存活了下來。

　　最終，小天選擇停留的是位於大陸南端的福建。這株浮萍終於在這裡落了根，因為小天在這裡找到一份工作，工作的內容是電話客服。但這可不是一般人所理解的電話客服工作，而是提供單身寂寞男性色情語音服務的電話客服。

　　有一天，公司老闆發現一件令他感到非常好奇的事件，為什麼許多打電話來的客人，都指名要找同一位女生客服，他經營公司多年時間，從未遇過這樣的事情，而且這一切都是在小天來到公司之後才發生的。

　　於是老闆開始對這群客人展開電訪調查，這些客人都給出了同樣的回答，因為這位女生客服會記得每一次談話的內容，由於這個小小的舉動，讓他們感到特別不同。之後，客人打電話來也不再要求色情語音服務，而是希望能和這位女生客服聊天談心。這完全顛覆了老闆的認知，居然可以將色情電話服務

經營出如此不同的成果，讓老闆留下很深刻的印象。

有一回，老闆和一位很要好的朋友聚會，他同時也是一位創業家。這位朋友在聊天過程中提到，自己最近剛興建完成一間新飯店，正愁著需要一個可以讓人放心、做事細心的人才，幫助他管理這間飯店，於是順口問了老闆身旁有沒有這樣的人才？老闆第一時間就想到小天，並將她的背景還有在公司工作的事蹟，一五一十的告訴了朋友，並極力推薦小天可以到朋友公司擔任管理職位。後來，小天很高興的接受老闆的推薦提拔，於是來到飯店工作，並在短短三年就將臺灣所有的債務清償完畢。

故事說到這裡，從小天如此艱難困苦的生活經歷當中，我們看見了什麼天賦嗎？是「堅韌的生命力」、「環境適應能力」，還有做事「用心感動他人」。

經由小天的故事，使我們產生了一些省思，在生命每次遇到絕望之時，好好去體驗和檢視這整個過程，不要將所有注意力跟關注都放在絕望的事實上，然後展現的行為只是抱怨。蛻去舊有的思維，穿上新的認知，人生遇到逆境絕望時，也正是使你發掘天賦的最佳契機。

可惜的是，絕大多數的人遇到逆境時，只是被逆境吞噬支解，生活也因此沉淪，然後選擇一條無法挽回的路。

▌歡慶過後，你是否看見天賦

　　在聽完小天逆境絕望的故事之後，我們來到下一個希望的故事，這個故事也是前面六個情境中的其中一個，「公司派我到福建設立分公司，並提拔我為分公司經理！」故事主角是一位年齡近四十歲的男生，我們稱呼他為小賦。

　　小賦在一間製造自動化機械手臂零組件的公司服務，並且一做就是長達十三年的時間。有一天，他服務的公司發布了一個重要消息，公司為了拓展營運規模並邁向國際市場，決定在福建設立分公司，而這間分公司的主要負責人就是小賦，將由他全權規畫和安排一切設立公司的事宜。

　　收到這份任務指派的小賦感到非常興奮，在公司服務長達十三年的時間，他的能力、他的付出終於被董事長看見了，現在有這個機會讓他得以大展身手，到福建展開一個新的人生起點，終於讓他盼到了！

　　但是在感到興奮的同時，他的內心有另一個反向聲音出現，小賦擔心自己是不是真的能夠將這項任務很妥善的完成？於是他來找我，希望能和我聊聊，並且分析他的性格，給予他一些建議，所以才有這個故事可以和大家分享。

　　小賦說：「雖然我很開心、很興奮獲得這個機會，但我的內心同時也很擔心自己會搞砸這一切，這是一個從零開始的艱

鉅任務。而且我從出了社會工作之後，就只做過這一份工作，並且都只待在臺灣，從來沒有出過國。所以有很多的困難跟問題出現在我的腦海裡。」

故事先說到這裡，這是一個充滿希望的故事，關於如果你必須離開家，你會做什麼？小賦說：「我想要挑戰自己！」

現實生活裡，我們可能都曾經有被升遷加薪的經驗，當得知這樣的好消息時，我相信每個人都是感到很開心、很興奮的。這個時候在腦內啡和正腎上腺素的交互作用之下，大多數人會做什麼事情呢？

慶祝！於是，我們邀約公司、部門同事一起慶功去吃一頓大餐，或是相約 KTV 歡唱，大肆慶祝一番。但你可曾經想過，人生每一次升遷加薪、每一次你獲得肯定、每一次你被委以重任，在這些令你腦內啡分泌大量快感激素的事件背後，都隱藏著你獨特的人格特質天賦！

如果過去你未曾這樣想過，那麼可以從現在開始，將這樣的思維認知放在你的生活當中，你將會受益良多，甚至會對自己的天賦能力感到吃驚。過去我總是羨慕他人，但其實我自己擁有的天賦這麼多呀！

我們將焦點回到被公司委派到大陸福建設立分公司的小賦身上。他在這間公司服務了長達十三年的時間，在現今社會的

就業風氣下，這是相當不容易的一件事，過去能在一個單位服務十幾年、二十年時間，我們想到的多半是服務於公家機關、公務人員、公營的銀行金融機構……等等，才可能有十多年的工作年資。

在他得知道被外派委以重任的時候，同時產生了一個疑問：「我之所以被公司派去大陸設立分公司，是不是因為在公司服務十三年時間，公司才願意給我這個機會？」於是小賦找了董事長，希望知道為什麼公司願意指派他擔當這個重任。

「公司有許多專業能力更好的同仁、業績考核下來比我更為優秀的同仁，為什麼董事長最後選擇了我？」小賦說。

董事長回應他：「你在公司服務的十三年裡，我在你身上看到了不同於他人的特質，對於公司頒布許多新政策、新的作業方法，你始終不曾抱怨或到處訴說公司的不是，而是想辦法達成目標。執行的過程中即使遇到了問題，你也總是想辦法解決，而不是推諉、放棄。」董事長接著說，「不抱怨和解決問題，是我最後選擇你最大的原因，這實在難能可貴。」

故事講到這裡，「不抱怨」和「解決問題」可能就是小賦的天賦。

這時候也許有人會說：「就這麼簡單，這誰不會？」是的，我認同。也許我們把小賦的經歷當成故事看一看、讀一

讀，放在心裡和腦袋裡想一想，是真的很簡單，大家也都會、都懂。但是又有多少人在現實生活當中，當遇見相同事情發生在自己身上時，還做得到「不抱怨」和「解決問題」呢？

現實生活當中，你們有沒有遇過一種人，他們遇到困難是不解決的，這群人遇到困難時，嘴上會一直說著：「好煩喔！我要怎麼辦啊！」然後就一直處在焦慮和煩躁情緒當中，最後乾脆選擇放棄、不處理，落得輕鬆。而小賦的董事長就在他身上，看見了「不抱怨」和」「解決問題」的天賦特質！

不畏懼的敲開每一扇大門之後展開天賦

在解開了心中的疑問之後，小賦來到大陸，並著手展開分公司設立和業務拓展工作。小賦在此之前從未離開過臺灣，現在來到福建這個陌生之地，要進行陌生開發客戶、尋找合適的合作廠商等工作，對他而言是一項非常大的挑戰。如果你曾經是從事業務工作的人一定知道，走上街頭家家戶戶拜訪進行陌生開發，是一件非常不容易的事情。

我以前的工作是服飾品牌業務，負責的區域從臺中往北，並且跨足到花蓮，囊括了大半個臺灣，只要是這些區域城市的夜市、購物商圈，我都要去掃街拜訪所有的服飾店，並尋求合作機會。有時候，我可以在一間服飾店的門口站上一、二十分

鐘，還跨不出去第一步。心裡總是想著：「我要進去嗎？不要好了！」、「我要進去嗎？唉呀！都已經來了，還是進去好了。」、「要進去嗎？會不會等一下被甩門拒絕！還是不要好了。」就這樣在自己心裡抗爭很長時間。所以，我能深深理解陌生開發的那種心理恐懼、不適感以及不容易，更何況小賦他來到的是一個既遙遠又陌生的城市進行這個任務。

不過，善於解決問題的小賦，還是勇敢跨出了那一步，他敲了一間又一間的企業大門，拜訪近百間企業，希望能有機會與這些企業的董事長、CEO 見面洽談合作，即使許多時候小賦不得其門而入，但終究還是讓他找到方法見上他們一面。

最後小賦用了兩年多的時間，將福建分公司在華南地區的業績經營起來，並且和臺灣總公司的業績不相上下。那是將近兩億元的年營業額，這已經不只是做到了符合公司預期，而是大大超乎了董事長的預料。這樣令人感到驚豔的結果，也讓董事長決定安排一次行程到福建，親自拜訪每一間合作企業的老闆，他希望了解為什麼福建分公司可以發展的如此快速。

來到福建之後，董事長從這些企業老闆對小賦的評價當中得知，小賦會在每一次的拜訪過後，回去會立即為每一間企業做競爭優劣勢分析，從分析當中找出企業關鍵需求，並且提出符合企業需要的合作方案，因此深得企業老闆喜愛跟認可。

董事長這一趟親訪之旅收穫可不僅於此，不論是從對外的企業老闆，還是從對內各個部門員工的反饋當中，董事長還發現小賦非常重視對客戶與部屬的承諾。為了實現他的承諾，小賦努力跨越多種語言溝通障礙，做到成為客戶與公司、部門與部門之間最佳的溝通橋梁，使得所有訂單都能夠順利且圓滿達成，將產品順利交到客戶手上，公司也順利獲得應有的營收。

　　在董事長眼中，他再一次看見了小賦的天賦特質，是「不畏懼」和「找到他人真正的需求」，還有「守承諾」和「溝通協調」。

拒絕誘惑，保持初心

　　你們身邊是否有過男性的家人、朋友，因為受到公司指派或是自主創業的關係，而需要長時間在大陸打拚生活？

　　為什麼會這麼問呢？我在 2010 年，二十七歲的時候隨著公司到福建工作四年多，見過許多家庭最終走向了不圓滿的結局。這不代表去大陸工作的男性朋友，他們的家庭關係一定都是不好的，我同樣也見過即使在外地工作了十多年的時間，家庭關係和夫妻關係維持很好、很幸福的。

　　只是以當時的時空背景，大陸整體環境相較於臺灣複雜許多，談生意大家喜好應酬，也因此當地充斥了許多聲色場所，

這一切對於從遠方城市來到這裡創業、工作和生活的人來說，確實充滿了各種誘惑，即使你不主動去尋找，有時也會被動的遇見有人將誘惑帶到你面前。

小賦在大陸工作這兩年多的時間裡，有幾次休假返回臺灣，和朋友聚餐時，他們都會問上兩句：「大陸好不好玩啊？你有去玩過嗎？」小賦聽到類似的提問時，內心充滿很多問號，並回答：「去玩什麼？我都在工作欸！」

朋友爭先恐後的說：「拜託，當然是去酒店玩啊！聽說那邊的酒店小姐條件很不錯，身材好又豐滿，也有很多年紀輕的女孩，你有去過嗎？」

小賦回答：「沒有啊！我都沒有去過欸！」

最後這群朋友異口同聲：「天啊！你真的白去大陸了。」

拒絕誘惑，不是人人都可以做得到的，人性往往容易在陌生環境當中，因為知道在那裡認識自己的人不多，知道自己有什麼家庭和背景的人也是極少數，所以道德約束力量會瞬間減小，最終守不住內心最後一道道德防線而因此沉淪。

然而小賦在大陸工作的兩年多時間裡，他清楚知道自己為何而來，也一直記得遠在臺灣的家人在等待著他歸來，全心支持著他，所以他高度專注在自己的任務和工作上，初心始終放在最前頭。而也正是「高度專注」和「保持初心」引領著他度

過層層的難關，實現了許多外人看來不可能的任務。

在這段故事當中，你們是否看見了在小賦身上「高度專注」和「保持初心」的天賦呢？

人格天賦

「如果你必須離開家，你會做什麼？」從這個問題當中，如何看見自己的天賦？我希望經由小天充滿絕望還有小賦充滿希望的兩個人生故事，帶著大家一起來一趟深度省思之旅。不論我們過去或是現在的生活，遇見的是順境還是逆境，產生的感受是充滿絕望還是希望，你都可以將這些際遇好好進行一番檢視和思考，你是否在這當中看見了自己的天賦？

就在這一次，把握機會，當你閱讀本書時，試著將你過去經歷過的順境和逆境經歷，進行一次深度的思考。我相信許多人闔上這本書之後，他的人生不會再有另一次機會做這件事情了，那麼，他也將損失了一次看見自己人格天賦的最佳機會。

本書要傳遞給大家的認知，不是告訴你，你就是一位天生的音樂家，或是一位天生的藝術家，這些天賦都是外在的，都可以經由後天加工和練習來的。**本書的用意是希望透過七個不同的問題，讓大家對自己的生活、人生經歷進行一次深度的思考，試圖去看見我們每一個人屬於自己的「人格天賦」。**

　　「人格天賦」在禾禾商學院裡，被所有老師和學生們大量談論和傳頌，我們逢人就談、逢人就說、逢課就教，人格天賦之所以被重視，原因是**人格天賦是任何人都無法從你身上奪走的可移動價值，是它讓你成為有價值的人，是它為你帶來了人氣，是它為你創造了財富。**但歷經多年諮詢和授課的我們發現，人格天賦被大家過於輕忽它的重要性了，也因此他們人生始終過得掙扎和痛苦。

　　你和我還有身旁的每一個人，都有與生俱來的人格天賦，只要你開始願意付出時間來認識它、了解它、關注它、擁抱它，然後發揮它，最後你會愛上它。這時候，人格天賦就會在你身上產生強大的能量和作用，為你帶來不同以往的人生體驗和獲得，你會為此感到吃驚，原來要過得開心、幸福，比你想像的更簡單。

▎五個認知升級，兩個思考

　　從「你一生願意承受什麼樣的痛苦」到「如果你必須離開家，你會做什麼？」來到這裡已是第六個問題了，不論你在這個過程中，是否思考到關於你自己的天賦，即使沒有也沒關係，經由這個問題，我整理出了它帶來的五個認知升級，送給每一位讀者。

第一個認知升級：絕望的逆境之中，選擇逃離並不可恥，打不死你的，必將使你更強大。

　　第二個認知升級：人生中的每一次成功和獲得的成就，都是你的人格天賦在過去施展魔法所產生的結果。

　　第三個認知升級：不只是離開家，人生中的每一次離開，比如離職，它都是你人生中非常重大的選擇，不要白白浪費這個機會，請在這個事件當中試著去思考，你的人格天賦是什麼，並將這樣的天賦帶到新環境當中。

　　第四個認知升級：去留意你生活中的小細節。你有發現原來自己是很愛笑的人嗎？而且你的笑容可以感染他人，可以將快樂的情緒渲染到整個生態圈。

　　你有沒有發現自己是愛給予他人幫助的人呢？只要你留意自己生活中的小細節，並將你發現的那些人格天賦，置入並結合到你的生活、工作當中，或是那些你正投入在做的事情當中，就可能為你展開生活的新頁。

　　第五個認知升級：每一個人的人格特質以及人格魅力，就是你的內在價值，同時也是你的人格天賦。內在價值就是潛藏在你的內心裡，不容易去發覺的人格特質，它同時可以幫你創造無形的價值，這是誰也拿不走的。

　　經過了這六個問題，如果你已經在其中某一個問題當中找到並意識到了你自己的某種人格天賦，請你詳細的記錄下來，並且在未來的生活裡，主動去關注它和了解它。

　　你有沒有發現你是一個愛笑的人，而且你的笑容、笑聲可以讓身旁的人跟著你一起快樂起來？你要去深度了解它，並清楚知道它還為你帶來了什麼樣的價值。

　　你要讓人格天賦被身旁的人正向的關注、正向的觀察、正向的討論。你是否有想過，外面那些和你相識的人們，他們是怎麼關注和觀察此刻正在閱讀此書的你？他們正用什麼形式的語言討論著你，是正向祝福的語言，還是負向批判的語言呢？

　　當你的人格天賦是被身旁的人正向的關注、正向的觀察、正向的討論時，它就會為你帶來富裕和豐盛的人生。

　　最後，我想提出兩個問題，讓大家進行思考：

　　第一個問題：為什麼離開家可以看到天賦？經由兩個案例故事的分享之後，你可以再對這個問題進行一次深度的思考。

　　第二個問題：為什麼看見自己的天賦非得要離開家，你身邊有沒有人，沒有離開家也早就看見了自己的天賦？

Q7 關於死亡你想要成為什麼樣的人？

導師：劉雅菱

因游祥禾老師的東方心理學，
開啟了我看懂自己的本質、激發天賦落實於生活當中，
透過諮詢與人對話，
讓我生活起了很大的轉變，
更清楚明白自己要的是什麼，
給人溫暖及幫助、給予他人啟發及力量，
並發揮自己的影響力，
讓他人找到屬於自己天賦的成功軌跡方程式，
活出精采的自己！
讓我看到自我價值及生命意義，
並展開了我不一樣的人生！

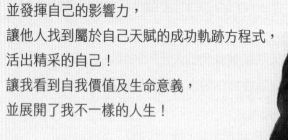

—— **現職：**

- 禾禾商學院共同創業
- 英國 CIP 國際心理諮詢師
- 東方心理學認證講師
- 英國 CIP 國際認證講師
- 曾任職於汽車業人資資歷 17 年

著作：《打破情緒框架，世界為你讓路》

經由前面的提問和思考引導，逐漸帶出「七個問題看見你的天賦」中的第七個問題：關於死亡你想要成為什麼樣的人？

　　有句話是這麼說的：「當你出生時，哭著來到這世界，這個世界因你而喜悅。請你好好過這一生，希望你死亡的時候，世界為你而哭，但你心中感到的是喜悅。」

　　這段諺語想傳遞的是生命是喜悅的，就算是生命的終點也是。就生命的完整性而言，生與死就是同一個循環，從生的過程中，逐漸去完成生命的價值。

　　死亡，是我們每一個人都終將面對的一件事情，面對死亡，每個人都會害怕或者是悲傷。生死都是大事，但是我們通常只記得頌讚生之喜悅，卻忌諱去正視或討論死亡，逃避對「死」的思考，在某種意義上，就是逃避對「生」的思考。

　　死亡是生命最偉大的過程，很多人直到死亡的鼻尖觸碰到我們，才感受到生的緊迫，只有在意識到自己是要死的時候，才會開始思考生命，從而大徹大悟。

　　死亡不是生命的終點，遺忘才是最終的告別，從死亡的角度看向生命，就會懂得如何活在當下，不再沉溺於享樂、懶散、世俗，不再沉溺於金錢、物質、名位，然後積極的去籌畫與實踐美麗人生，唯有對死亡有正確理解，然後好好生活，才能讓自己的人生更有意義。

讓生有了意義，讓死有了方向。

在準備這個題目時，我心裡突然有許多的感觸湧上心頭，「死亡」它來臨時卻總是令我們措手不及，讓我們得經歷面對摯愛親人或好友離世時的不捨，也讓我們學會如何與他們「道別」。而我第一次體會到「生命」的意義不凡，就是從小最疼我的阿嬤留給我的啟發。

▌平凡的阿嬤，為何讓人懷念她不凡的人生？

我回想起高一時，某天晚上補習下課回家，一進門媽媽就對我說：「我們趕快去醫院！」一頭霧水的我問了媽媽：「怎麼了？為何要去醫院？是要去看病嗎？」媽媽說：「沒有，是阿嬤傍晚洗澡時不小心滑倒摔倒在地上，叔叔第一時間發現時，就趕快叫救護車緊急送醫急救。」

醫護人員檢查後，發現我奶奶因為頭部遭受撞擊，導致嚴重的腦震盪，並且引發腦溢血，相當嚴重，醫院並已發出病危通知。當時趕赴醫院的我受到這樣的衝擊，腦筋思緒糾結，眼淚更是不由自主的掉了下來，內心祈禱阿嬤可以度過危機。

不幸的是，在途中就接到爸爸打電話告知：「不用到醫院了，直接回阿嬤家吧！」阿嬤當天就這樣離開了我們，對於這樣突如其來的打擊，我與家人都相當的難過與不捨！

在處理阿嬤後事時，有很多慈濟人前來助念，心想可能是長輩們邀請他們來為阿嬤助念，但助念的師姐們來的人數超乎我想像的多，我問爸爸：「為什麼那麼多人來幫阿嬤助念？通常不是只會來幾位嗎？」後來才知道，那麼多人來是因為阿嬤生前省吃儉用，捐了一張病床給慈濟。

　　在那個年代，捐一張病床要好幾萬元費用，沒有收入的阿嬤，靠著平時逢年過節子女給的紅包，省吃儉用好不容易存下的錢，選擇捐出做病床費用。她義無反顧的捐獻，在她過世後才會有那麼多人願意幫她助念，讓她一路好走。

　　出殯的那一天，從阿嬤的親朋好友口中聽到他們對阿嬤的讚賞，稱讚她總是為善不欲人知，願意主動去幫助任何人，熱心助人、以和為貴，只要有能力，都很樂意幫助人，就算借錢拿不拿得回來都無所謂。一個鄉下的阿嬤，竟然可以做到無畏施，這也是為什麼別人想到阿嬤時，都給予很高的評價，雖然她已經不在人世，但是她的精神卻永留在很多人心中。

　　阿嬤平常的做人處事之道，就已經在發揮她的天賦，像是善良、仁慈、給予、熱心助人與慈悲，這些天賦呈現出來的特質，都烙印在大家的記憶裡。

　　前美國總統伍德羅・威爾遜（Woodrow Wilson）曾說：「人來到世上並非只是為了活著，而是要貢獻一己之力來幫助

眾人過得更好、看得更遠、精神上更有希望、更具抱負。你來到這世上是要讓世界更加美好，要是遺忘這個使命，生活就會變得空乏。」

這個主題喚起了我對阿嬤的記憶，想起她生前不斷的教導我們待人處事之道，在她的眼裡只有好人沒有壞人，要我們別去占別人便宜，自己能力可以做得到的事情，都要盡力去幫助任何人。

在她身上，我看到她以身作則，用行動去幫助需要幫助的人，不論對方是誰，只要有人開口，阿嬤都會二話不說，凡是能力所及的，她都願意無私的幫忙與奉獻。這樣的理念深深烙印在我的腦海裡，並且激勵我延續身體力行。

▌面臨死亡時，會如何描述自己的一生？

你可曾問過自己這樣的問題？

「當有一天面臨死亡的那一刻，在嚥下最後一口氣之前，你自己能夠留下什麼？有誰會為你哭泣？在有生之年你能感動多少人？你對往後的世代有什麼影響？你希望你的親朋好友如何評價你？而你想在自己的墓誌銘上，留著怎樣的一句話來描述自己的一生？」

唯有面臨死亡，才會把一個人從瑣碎分心的事務中拉出

來，重新省視什麼才是對自己最重要的事。如果沒有遭遇死亡這件事情，該如何看到一個人的天賦？為什麼一個人真正面臨死亡時，才會知道對自己最重要的到底是什麼？

每個人都不希望別人對自己的評價是一笑置之，什麼都沒有、簡單帶過，更不想聽到別人對自己的評價，是聽到名字後只是一聲長嘆「唉！」就一閃而過，根本就不想評論。想一想平常生活中，你在自己的生活中累積了什麼？別人是怎麼評價你的，才能在自己的墓誌銘寫上什麼！

▌活得暗淡無光，還是留下精采萬分？

我們來思考一個問題，是不是一定要等到死亡，才可以知道自己擁有什麼的天賦？

你想要活得黯淡無光？還是要留下精采萬分？

「向死而生」是德國哲學家海德格爾提出來的。我們人生是有限的，每天都在接近死亡，這是免不了的，而且人只會死一次，死亡不就代表結束？那麼，海德格爾提出的是什麼樣的概念呢？其概念精神是「當你無限接近死亡，才能深刻體會生命的意義」，背後支撐的力量甚至成為轉捩點的動力，就是「天賦」。

如果死亡定義代表一種結束，思考一下，你想不想要有一

個 Happy Ending？我想絕大多數人都會不假思索回答「要」。

回想一下，是不是班上或是團體裡，或多或少都有令人討厭的那種人，那個人為什麼會變成討厭的人？再想一下，在班上或團體中是否也有特別受人喜歡的，那個人為什麼會變成全班或團體中最受喜歡的人？

如果你今天要離職了，聽到同事竟然說：「太好了！」甚至公司還決定放假三天去唱歌慶祝，你會不會難過到不能自己呢？

當畢業、離職、換到新公司或是離婚……等事件，每一次的結束，我們屢屢面對生活中許多人事物的衝擊時，是否為了這個衝擊所帶來的感受，無法跳脫出來，有很多情緒，心理狀態就像瀕臨著不行了、快陣亡、快死了的概念！

有的人跳脫不出衝擊帶來的情緒與感受，就往負面的方向走，但這個圖中所表示的死不是代表死的概念，而是一個人事物結束的一種概念，這個事件的衝擊，可以讓自己重新開始，你看下頁的圖中，就有「死」和「生」，其中死是結束，生則為轉捩點。

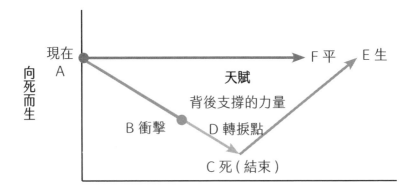

「向死而生」的概念：

你現在處於現在 (A)，當一個衝擊 (B) 的事件發生，而你是自己一蹶不振，到了死結束 (C)，那就走向了「向死而死」。

「向死而生」是應該在事件衝擊 (B) 後到死結束 (C)，此時發現生命有了一個新的轉捩點 (D)。

不是向死就能而生，而是在向死而生的中間，會有一樣東西它發光了，它成為你人生的轉捩點，背後的支撐力量，這個力量就是「你與生俱來的天賦」，而往生 (E) 的方向前進。

有一位女孩從專科畢業後就進入職場工作，二十多年的工作經驗中，扣除前面幾年職場剛起步，約有十七年的工作經歷是相當平淡的，每天早上八點上班，下午四點半就準時下班。

或許有人覺得生活平淡、太乏味，但也有人會覺得這是一件很棒的事，穩定而沒煩惱。

你有想過這也是一種天賦的表現嗎？自在、穩定、平淡。上述那位女孩就是我，一直以來，我都以為自己可以平順的過完這一生，直到我生命中發生了一件讓我始料未及的事情──感情的衝擊！

過去從未在公開場合談論自己的感情事，但我想透過本書分享自己的人生經歷，希望能帶給大家一種啟發，如何「向死而生」，而不是因為某個事件的衝擊，就讓自己真的陣亡了！

十多年前，透過朋友的介紹，我認識了一位男生，他是我的初戀男友，我們交往三年左右的時間，相處時光非常甜蜜，並且決定步上紅毯，開啟人生的另一個階段，當下的我滿溢幸福的喜悅。

在婚前的交往過程中，男方希望我能夠給他空間，基於信任，我毫不猶豫的答應他，只要跟我說一聲，我都沒問題。但卻沒想到在我們婚後沒多久，這樣的信任感就開始起了變化，他開始找理由說工作很忙，會晚一點回家，對我的感情也越來越疏遠。

在我的追問下他才坦承，早在結婚前就腳踏兩條船，但是因為雙方家人早在結婚前半年就已開始投入籌備婚禮，他擔心

害怕東窗事發遭到責罵而不敢說，選擇逃避不告訴我，也不敢去面對所有的家人，我們兩人就這樣步入了婚姻。婚後他的出軌仍未中斷，最後在傷心欲絕下，決定斷了這段婚姻。

當我知道實情之後，面對這樣的背叛跟欺騙，衝擊是相當大的，因為我是如此付出我的愛及信任，沒想到卻換來這樣的結果。事情發生後，我的好友們擔心我的狀況，幾乎二十四小時全天候跟著我。

有一天下班時，一位朋友打電話給我，問我在幹嘛？我騙她說正在騎車晃晃。但是過不久她再度打來時，我選擇不接電話。此時她感覺到狀況不對，於是開始奪命連環 CALL，直到我接起電話時，她原本鬆了一口氣，卻聽到電話聲裡的我「咔！咔！咔！」的高跟鞋踩踏階梯的聲音。

她當下覺得不對勁，一直追問我在哪裡。而當時萬念俱灰的我，正踩著階梯一步一步往頂樓前進，我沒有回答她我人在哪裡，直到她很生氣追問：「你到底在哪裡？」我才回她：「我在頂樓。」

如果當下沒有朋友大聲咆哮說著：「你現在給我滾回來，不准你給我做傻事！」她邊說邊安撫我的情緒，要我回來與她們見面好好聊聊。如果當時她沒有打電話給我，也沒有強烈的叫我回來，我可能就不會在這裡與大家分享這個故事了。

　　我相信現在此時此刻，可能還有許多人面臨婚姻觸礁或緊張關係，甚至跟我一樣不知道該怎麼辦，出現輕生的念頭。但是，向死而生是什麼？就是一個人生新的開始，如果當時的我選擇結束生命，就是代表一個死亡的概念。

　　而如果把這件事當做一種結束的概念，讓我產生了反思，最後我的人生會出現一個轉捩點，我終於可以真正的了解自己，關於什麼？關於我的天賦。

　　所以當在生命中遇到任何事情時，要去翻轉自己的思維，那個轉捩點背後支持著你的東西，就是隱藏在你身上的一種天賦。

　　當想到這個故事時，這件事帶給我的啟發，換個角度來看事情，我不斷自問：「有沒有辦法讓自己更有智慧、更超脫的心態，來看待眼前看似極其痛苦惡劣的處境？」

　　偉大的物理學家史蒂芬・霍金曾說：「記得仰望星空，別老是俯視腳步，試著為你眼前的事物尋找意義，驚嘆這宇宙如何形成。請記著要保持好奇心，無論生命歷程有多艱難，你也有機會有所成就，重點是不要放棄。」

　　回想當時內心支持我的那股天賦是堅強、相信自己，以及看到家人和朋友給予的力量，也就是那份「愛」，讓我可以走到現在。雖然這背後的衝擊是痛苦，但也讓我知道，隱藏在

我身上的天賦，讓我去翻轉了自己，我告訴自己一定可以挺過來，一定可以挺過這個難關，也讓我看見了自己的另一面。

　　我開始看到自己的韌性和不服輸，而我也將大家給我的愛傳遞給其他人，我開始去做自己喜歡的事情，現在專職於禾禾商學院。原來我也可以去影響別人、啟發別人，去做我應該要做的事情，所以「向死而生」，它其實是可以讓你的人生往上翻轉，它是人生的一個轉捩點。

　　「生」是一個轉捩點，「死」則是一個結束的概念。在我自己的真實故事當中，如果你問我會不會恨這個男人？坦白說，在那當下真的充滿著怨恨，我還記得那時會跟我的朋友一起罵他是個爛人，批評他怎麼那麼爛，這些事可以婚前就講清楚，為什麼非得讓我背負離婚的痛苦？然而現在回想起來，如果我的天賦裡面沒有「寬恕、包容」，搞不好還會帶著恨意進入棺材。

　　有一天我和朋友再度聊起他時，原本朋友還擔心我會不開心，但是我並不以為意，很自然的說出他是我的前夫，朋友驚訝的說：「哇！你怎麼了？怎麼改口稱他為你的前夫？」

　　當我這樣談笑風生時，我就知道我的人生已經開始不一樣了，因為我開始運用我內在的天賦「寬恕與包容」，讓我可以原諒一個傷我那麼深的人，背後竟然埋著一個很深的天賦支撐

著我。我運用在這個事件當中，我不但翻轉了，而且我走過來了，在這個事件當中，我突破了自己以往的認知，我把我的小愛給予更多的人，而我透過學習，不斷的學習之後，我開始分享、與人連結。

大家或許沒有遇到像我這樣的衝擊，但工作、感情、家人、金錢，可能某個事件正在受挫著你，你現在可能在這個衝擊當中痛苦著。可是試試看換一個角度來想，將會發現自己的隱性天賦。

生活中就是不斷去挖掘自己內心的小火花，成為背後支持你的力量，讓自己翻轉，而不是遇到這個事件，掉入了結束、死亡的部分，你可以在這個衝擊下，將給自己翻轉向死而生。

積極態度跟行動力，再現明星光環

好萊塢巨星基努李維在演藝圈已經有三十年的資歷，大家只看到他在螢光幕前的風光與榮耀，卻不知道他在演藝生涯也經歷過很多的轉捩點。我相信很多人若遇到跟他相同的處境，沒辦法從這個轉折裡轉出來，卻會向死而死的一蹶不振，可是基努李維卻是向死而生的挺過來了。

基努李維兩歲的時候父母親就離異，他開始跟著媽媽四處飄泊、到處流浪，到紐約、澳洲、多倫多等許多的城市。在他

十五歲的時候，他認真思考自己喜歡什麼？他問媽媽：「我可以去工作嗎？」他媽媽回答：「你想當什麼？你可以去當！」

三個星期後，他就坐在戲劇學校的教室中開始上課了，並且牢記了金像獎影帝安東尼霍普金斯曾說的「從做中學」。

從這一個故事中，我看到基努李維背後支撐他的天賦，是一種積極的態度和行動力，還有企圖心，想要成為更好的人，就必須開始行動去做自己想要做的事，這就是他的天賦。

禾禾商學院創辦人游祥禾的「財商心理學」中提到，你現在做的事情，多數都是靠堅持來的。去找一件你不用堅持的事情，那就是你的天賦。

「天賦」就是你與生俱來的能力，我不用催你，你自己就會發生出來的。可是為什麼有些人可以那麼快速，相對的他本身就有一個積極度，並且運用在他的人生當中。

蘇格蘭作家湯瑪斯・卡萊爾（Thomas Carlyle）曾說：「人活著是為了行動，不是為了空想，不論這想法有多了不起。」

基努李維在主演電影《駭客任務》時賺了很多錢，但那時他做了一件讓所有人驚訝不已的事情，他竟然主動從自己片酬中拿出 5000 萬英鎊分給劇組的人，這是一個無法想像的數字。在他的身上我看到對生活的一種淡泊名利，這也是他的一種天

賦，他可以對錢財淡泊，多數人可能沒有辦法做到。

　　然而在他的生命歷程中，也經歷過相當大的衝擊，他的老婆和小孩過世了，但他並沒有向死而死，反而是這個衝擊讓他向死而生的堅持走下去，他與劇組與影迷的相處態度，沒有明星光環架子，更將名下的一棟豪宅改建成癌症治療所，建立了慈善基金會，讓我看到他身上的天賦勇敢、專情、謙虛、堅持與仁慈。

　　這是都是他展現出來的天賦，也都運用於在他的生活中。某種天賦也存在你身上，透過基努李維的故事告訴也激勵我們：「只是你有沒有去察覺它的存在，其實你早已運用在生活當中！」

顛覆理所當然，找到自己的價值

　　我們對自己與他人的能力，常抱持理所當然的態度，而發現天賦的重要原則之一，就是要會提出質疑。要覺察到自己的天賦不如想像中容易，因為我們已經習以為常，不容易意識到它的存在，甚至被自己視為天經地義的事。

　　我認識一位短髮俏麗的女孩，她說一直以來非常熱愛手繪插畫和寫詩詞，幾年前被一家公司應聘為手繪插畫作家。但因工作和興趣兩頭燒，做了一段時間後，她放棄了這樣的合作，

直到前年她又開始重拾畫畫的美好，每次畫完一幅圖後就會分享到臉書。但是她覺得按讚的人數不如預期，她歸咎於「自己畫得不夠好」，是按讚人數不多的原因。因為這種「挫折」感壓得她喘不過氣來，負面思緒令她考慮是否要放棄自己熱愛的繪畫。

我問她：「畫手繪插畫是你多年的興趣，你卻為了有沒有人按讚這件事，而放棄你熱愛的事情嗎？如果是這樣的話，你根本就不喜歡這件事情，因為你會為自己喜愛的事情感到興奮而甘之如飴，才不會去在意有多少人按讚！」

我接著好奇問她：「你是否願意分享你的作品給我看？」

她說從小時候只要有紙和筆時，她就很喜歡畫畫，長大後經過加工，讓這個天賦再更好。我看到她的作品時驚為天人，抽象的畫風很有創意，真的很棒，我絕對畫不出來，也寫不出這些圖卡上的文字。

我告訴她：「不是每個人與生俱來都有這樣的天賦，像我自己就沒有手繪插畫的天賦，而這就是你所擁有的天賦，你已經比別人更站上一階了。」

分享是一道很簡單的公式，只要你解開了，便得到了成功的喜悅。和別人分享你的知識，那才是永恆之道。

既然這是她那麼熱愛的事情，為何只限於分享給她認識的

人呢？當你大量分享給更多人知道時，相信將會讓更多人看到她的價值所在。

看見自己的天賦，掌握屬於自己的力量

華人的教育制度、社會觀念還有父母的態度，都在無形中束縛著孩子與天賦的連結，使得他們屈服於種種的壓力之下，沒有信心和勇氣堅持下去。無法反轉成「向死而生」的生，卻變成「向死而死」就此結束了。所以有許多人長大後成為「不知道自己喜歡什麼」的人，或者就算知道自己喜歡什麼，也無法表達自己想要的。

「天賦」就是放手去做自己喜歡的事情！因為喜歡、因為好玩，不用逼，自己就會自動去學，而且更會努力去做，不懂的地方主動問，無論如何都要靠近目標，就可以完成夢想。

曾在一篇文章中看到名導魏德聖的故事，他說他從小就是一個愛講話、愛編故事的孩子，但是這樣的「天賦」從來沒被看見過及肯定過。他就這樣懵懵懂懂，一直到服完兵役，他知道自己真正想做的事情就是拍電影，不過他沒有想過，原來愛講話、愛講故事給別人聽，也是拍電影需要的基本能力。

我們小時候都知道自己喜歡什麼、不喜歡什麼，然而教育制度下讓我們越大越迷惘，不相信自己，隨著年齡的增長，再

去問國中生、高中生喜歡什麼，就會發現多數人很迷惘回答：
「不知道！」

　　不過，**魏德聖**導演知道自己想做和電影有關的事情，在家
鄉臺南是沒有機會的，於是他開始到臺北找工作，與一群朋友
約好一起寫劇本，拍出自己想拍的電影。到最後，卻只剩下他
一個人真的寫出來，也想盡辦法籌錢拍出短片，一步一步往下
走。他在媒體訪問中曾提到：「因為我喜歡做這件事，只要想
做這件事，並相信邊做邊學，沒有理由做不好。」

　　也因為那股追夢、不放棄的信念，即使入行二十年，曾經
窮到天天吃泡麵，身上只剩十塊錢，房子也抵押了，魏德聖仍
然堅持他的電影夢。他曾分享：「很多人都以為放棄就什麼事
都沒了，其實，只有沒有努力過的人才會說放棄很簡單。放棄
才等於什麼都沒了，但不放棄，我才有成功的機會！」

　　他清楚知道自己編故事的天賦，因為堅持跟執著，才能編
織出他那一部部實現電影夢的好作品。

　　想要放棄的人，就會找各種理由來說服自己這樣沒有錯，
但我覺得他們何嘗不是在「玩弄」自己的人生？甚至還有些人
放棄的理由更奇怪，例如：「我不喜歡某個人」或是「我不喜
歡這個環境」。你不喜歡某個人，和做你最喜歡的事情有什麼
關係？卻沒有人的理由是「為我的人生負責任」。

很多人從小被教育到沒有想法、沒有夢想，然後把夢想寄託到下一代身上，期望他們幫自己達成沒完成的夢想，這樣的方式對下一代很不公平啊！

人往往因為太貪圖安定，而忘了自己真正喜歡什麼？如果你才二、三十歲，要安定做什麼呢？你應該要做的是「發揮出自己的天賦」。老天爺讓你來到這個世界，給了你那麼多的天賦，就是要你找到屬於你的本質，將這個力量發揮展現出來。

很多人找到自己的天賦所在，因而活出自己的生命故事。人生不見得很順利，但聽從自己內在的聲音和渴望，一路往前走，即使當下完全不知道未來會不會成功，走下去就是了，做自己喜歡的事，全力以赴，人生就是如此的美好！

找回天賦可以點燃熱情

一路以來，我看到許多諮詢者前來諮詢時，都從未真正了解自己獨特的天賦與熱情所在，他們不喜歡目前的工作，卻也不知道做什麼才能帶來成就感。

但是我也曾遇到在各種領域有卓越成績的成功人士，他們對工作懷抱熱情，對自己的選擇毫不懷疑，訴說他們最初如何認識到自己找出的天賦，又是如何因為自己喜歡的事，而締造成功的生涯。

特別吸引我注意的一個共通點，就是他們多半不曾遵循傳統道路，生涯中充滿曲折、轉彎與意外，都過著挑戰重重的生活。他們的人生旅程並非輕鬆的康莊大道，都同樣經歷過低潮與挫折，但是除了因為有家人、朋友、老師給予他們的鼓勵或助力以外，最重要是當他們面對低潮以及重重考驗時，仍能堅持下去的轉捩點。

　　不只是來自於他們自己的天賦在背後支撐著，更重要是真正了解自己的那一刻，找到屬於自己身上獨特的天賦與熱情接軌，就可以揮灑天賦，在熱愛的事物上發掘潛能。

　　「天賦」就是「喜歡做的事」與「擅長做的事」能夠相互結合的境界。每個人都必須找到屬於自己的天賦，展現於自己的生態圈，包括學校、職場、家庭、朋友……，讓自己的生命更為豐富。

　　找到了與生俱來的天賦，並點燃體內的熱情，因為事件的衝擊而頓悟，生命從此徹底改變，被賦予的方向與目的，你將會發現自己前所未見的突飛猛進。

　　如果每個人都能找到自己的天賦，將可締造更高的成就與自我實現，身懷著屬於自己獨特的天賦與熱情，一旦意識到這點，你的所有一切都將因而改變。面對充滿變數的未來，若想創造名符其實、可長可久的成就，但還是要秉持最大的初衷。

生命的可怕，是你活得像行屍走肉

美國名作家諾曼‧卡森斯（Norman Cousins），曾經得了嚴重的膠原蛋白疾病，醫師判定無法治癒，大量的止痛消炎藥讓他全身發癢起疹不適，但他沒有放棄，決定親自跟病魔作戰。

一是培養正面情緒，透過大笑讓身體產生正向的化學變化；二是由靜脈點滴注入高劑量維他命 C，最後他得以康復，漸漸恢復全職工作和日常生活。我一直記得他的名言：「生命的悲劇不在死亡，而是還有一口氣在，卻活得像行屍走肉。」

這讓我想到許多的諮詢案例中，有很多人都不知道自己的人生該往哪去？該做些什麼？什麼是自己擅長的？他連自己能夠做什麼都不清楚，多數人就開始對自己的人生自暴自棄，而走向了「向死而死」當中。

大多數的人都對自己的天賦視而不見，甚至不想要透過任何方式再找到自己的天賦，人生的精華都宅在家裡追劇或是打電玩，其實每個人身上都有著強大的天賦等著你開啟。

還有一種是過於相當安逸的待在舒適圈中的人，太多是花時間看自己的弱點來打壓自己，眼睛都只會注意到自己缺少不足的部分，卻忽視了自己與生俱來的天賦。所以每個人都必須花時間去思考，觀照自己的核心能力，再花更多的時間去精進

這些能力，每個人天生都有自己的天賦能力，你可以開始發揮尋找自己的天賦，而不是讓自己過著行屍走肉般的生活。

你可以先思考一下，自己是如何看待自己與環境的？「態度」決定一切。你現在有熱愛的事情嗎？倘若你現在是對工作有熱情的人，會覺得自己很幸運；還沒有得到你想要成就的人，則會說自己運氣不好，但其實每個人生命的存在，都意謂著意外與偶然，這樣的幸運並不只是純粹的僥倖。

去看看許多成功的人士，或是活出自我的人，他們身上都有個相似的味道，例如：堅持、自信、樂觀、企圖心，以及永不放棄、不屈不撓的精神，這些都是一個人與生俱來的天賦。

而你是如何看待自己現在處於的環境呢？不是因為不行、沒辦法就放棄，而是要勇於去創造屬於自己的機會，「把握機會」就取決於對自己的期望。當機會來了的時候緊抓住機會，你才可以知道自己的天賦在哪裡。

英國藝術評論家約翰‧拉斯金曾說：「天生我才必有用，一個人不論看起來多不起眼，仍有專屬於自己的強項。」

永不放棄、莫忘初衷

記得小時候，有一個風靡全球的樂團「披頭四」，團員之一的保羅‧麥卡尼在就學時，多半處於遊手好閒的狀態，回家

也不想要好好讀書，課餘時間他花許多的時間在聽搖滾樂、學彈吉他，而他的音樂老師居然認為他沒音樂天分。但他還是秉持著自己熱愛的事情，選擇相信自己。

若當初的他沒有秉持自己的堅持，而是聽了音樂老師的話時就放棄，我們就聽不到那麼多悅耳動聽、至今都還在世界上傳唱的美好歌曲了。如果他當時選擇相信那種自己內心不相信的話，那麼我們或許就沒機會見識到披頭四，以及他們對音樂界所帶來的革命性影響。

從上述舉例這些人的故事中也會發現，尋找天賦的路途可說是困難重重，「為了尋找此生的天賦，你必定會遭遇重重的障礙與限制。」若沒有伯樂看出你這匹千里馬的熱情，認同你的興趣，替你剷平阻擋在面前的道路，並且督促你發揮能力的極限，人們往往會因此失去自己真正的想法來迎合大眾。

你想做的這些事情，並非為了金錢來實踐心中的熱情，而是你真心願意將生命投注在這唯一熱愛的事物上，找到自己與生俱來就應該做的事情，並給予龐大心力。就算世界在明天風雲變色，你也會設法去調整自己的能力，以因應世界的變遷。同時繼續與自己的天賦結合，因為你已經具有內化的理解力，知道如何讓自己的天賦融入新的環境中。

許多人把熱情拋在一邊，從事不十分熱愛的工作，讓自己

深陷於不開心之中，只為了獲得物質的安全感。事實上，你為了維持經濟而接受的工作，很可能在未來十年之後，才發現找不到自我價值了。若你從未學習到如何進行自我思考，並去探索什麼才是自己真正的才能，那麼應該怎麼做呢？

如何去發掘自己真正的天賦與熱情？這是一個沒有公式的自我覺察，天賦的能力因人而異，你可能對很多領域都有著相同的熱情，在這些領域中展現的能力也可能旗鼓相當，但也有的人可能只限於單一領域。

天賦來自於「能力」與「熱情」，另外還有兩個先決條件也相當的重要，就是前面提到的「態度」與「機會」。想要找到屬於自己的天賦，可從「我有」、「我愛」和「我要」這三點著手。

· 我有

天賦指的是你在某方面與生俱來的天分，你靠直覺就能感受或理解某個才能的本質。

就像我大姊，五歲時對聲音的敏銳能力就比我們還要強。這個天賦是我爸爸的一位客人發現的，他告訴我爸媽，我大姊這小孩對音樂是有天賦的，因而爸媽從小就開始栽培大姊，如今大姊也成為一位優秀的音樂老師。

不只是音樂領域，有的人天生則是對體育具有敏捷度，有的人則是數理高手，解題對他們來說輕而易舉。對這些人來說，有些事物是天賦異稟，一學就能駕輕就熟，並能發揮自己的天賦能力。你要先了解自己有能力做什麼，才能知道自己可以成為什麼樣的人。

·我愛

許多人在某方面天生具備過人的能力，卻不認為那就是自己的天賦，而天賦不僅要有天資，還需要有熱情。

我們知道知名的音樂家貝多芬，他會如此的成功，除了他天生具備對音樂的敏銳度之外，更需要透過後天的刻意練習。貝多芬每天都要練琴八個小時以上，但他一點都不覺得苦，反而樂在其中。

前面提到我的大姊也是音樂家，從小就常看到她一下練鋼琴、一下練古箏，只要她一練琴，就會練超過五個小時以上。對我們其他小孩來說，以前都會覺得很不可思議，怎麼有人會那麼的瘋狂，而且練到手痛發炎受傷，還是永不放棄她自己熱愛的事情。但現在終於可以真正的了解到，大姊之所以會一直讓自己保有這樣的自律狀態，是因為她對音樂的熱情與執著，一步步實現夢想。

學音樂的人有很多是具有天賦的，但最後並不是每個人都能成為受到肯定的音樂家，因為「當靈魂是空的，你充其量就像是被刻在刻度上的一個音樂和齒輪」。當你真的執著並完全投入自己的天賦，肯為自己喜歡的事物全心努力跟付出，將生命投入在自己的天賦。因為熱愛與熱情，也讓我在大姊身上看到她不服輸、堅持、專注的天賦發揮到極致。

·我要

　　你是如何看待自己與環境的？「態度」決定一切，你現在有熱愛的事情嗎？倘若你現在是對工作有熱情的人，會覺得自己很幸運。而自認沒有成就的人，則會說自己運氣不好，其實每個人的生命都存在著意外與偶然，但這樣的幸運並不只是純粹的僥倖。

　　許多的成功人士或是活出自我的人，他們身上都有個相似的味道，例如堅持、自信、樂觀、企圖心，以及不屈不撓的精神。你是如何看待你現在所處的環境？是否會因為小小阻礙就放棄？是否有勇於去創造屬於自己的機會？當機會來了的時候，你是否想去抓緊？當你積極尋求機會的同時，你也在多方向的探索自己的天賦，並且透過他人認清自己的真正天賦，展現出屬於自己的天賦。

從衝擊看見天賦

在我們的生活當中，或許會有許多的人、事、物來衝擊我們，要如何從中找到屬於自己的天賦？一件事情的結束，並不代表就是一種結束，在這事件的衝擊當中，結束才是新的開始，在人生的轉捩點中，看到屬於自己的天賦，**翻轉自己的人生！**

在生活中，不知道大家有遇到挫折過嗎？可能是在工作上遇到挫折，也可能在感情或與家人相處時出現不如意，甚至可能是面臨健康的嚴峻挑戰。當遇到這些難關挑戰時，你們會如何處理？

1. 工作上遇到挫折時，逃避或是面對？

在遇到挫折時，你會用什麼樣的方式去思考，就像前面提到，你是絕望還是希望？當遇到挫折時是選擇逃避還是面對？

當我面對挫折時，我以前是選擇逃避，逃避不想去面對這件事情。但是逃避可以解決問題嗎？它並沒有解決問題，問題還是存在的。

當你遇到挫折時，請你去面對它，你的人生才能夠向死而生，**翻轉你的人生。**當你在問題上執著一分鐘，就少一分鐘可以想辦法去解決，阻礙了好事降臨。從挫折的衝擊中找到轉捩

點，因為翻轉看見自己的天賦，原來自己有處理事情的能力，有突破自我的能力，想辦法讓不可能變成可能，有面對問題的勇氣及自己的韌性，我才發現原來自己可以做到人生的翻轉，做到現在這個樣子。

2. 感情相處出現紛爭時，委曲求全或是溝通？

在感情相處狀態中，多少都有吵吵鬧鬧的狀態，我們怎麼去跟對方相處呢？

我們常因為現在的狀態，讓自己就陷入了情緒當中，而讓關係就此往下滑落，到了一個死胡同。一旦遇到關係上的死胡同，當你想要去解決時，關係會開始產生變化。

就像我前面講的，在感情中，我的委屈求全只會讓自己不舒服，讓對方予取予求。過於信任他，如何可以到一個平衡的狀態？答案是溝通。有些夫妻或是另一半相處那麼好，其實就是在運用自己的天賦，「好好說話」是一種天賦，「傾聽」也是一種天賦，「包容、同理」也是天賦。

3. 健康出了狀況，怨天尤人或是勇敢？

健康出了大狀況的時候，你能夠接受這樣的狀態嗎？

前陣子常到醫院，我看到一個狀況，早上七點多醫院就開

始人滿為患，看到有些人無助徬徨的樣子，以及沒有朝氣的樣子，就讓我不自覺的反思自己，今天如果是我面臨這樣的狀態時，我會因為這件事向死而死，讓自己消極下去，還是向死而生，讓自己更有力量的去面對呢？

我想了之後，我會坦然且勇敢的去接受現在的每一個狀態，不去怨天尤人，抱怨老天爺的不公平，而是要好好把握自己能力所及，可以讓自己活得更開心。

只要在一天當中能讓一個人開心、微笑，即使對方是個陌生人，這一天就沒有白過。這是一種「勇敢」、「善」與「給予」的天賦，它能夠讓你活出真正了不起的人生。

4. 家人相處出現摩擦或相處冷冰冰，控制或是溫暖、尊重、傾聽、包容？

我們在與家人相處時，總是有「應該」、「必須」，我覺得我很愛你，你必須怎麼做。但是相對的，我們在相處的過程中，應該是要給予他們需要的，而不是給我們想要的。有時候我們在諮詢當中，或者是與朋友分享，為什麼我回到家只想關在房間裡不想出門，只想做自己的事情？

我們在人際關係當中，為什麼對外可以給人家溫暖，包容、尊重和傾聽，可是回到家裡，為什麼往往就不能用我們自

己擁有的力量，去給予我們的家人？你發現平時在工作領域上或是朋友當中，其實你都在運用你的天賦，可是在面對家人的時候，我們也可以打開自己的天賦，打開心房，開始去傾聽、去尊重對方到底想要的是什麼。

只是我們不知道，當發現這個天賦時，你早就已運用在你的生活當中了。

我們前面講到幾個問題，我們想要留給身邊的人什麼印象？我們希望別人怎麼評價我們？我希望我的墓誌銘可以刻上什麼？其實這都是你平常了解到自己的天賦後，運用在你的身上展現出來，讓別人看到你擁有的到底是什麼，這樣別人就會如何評價你。

可是我們平常知道要如何讓自己更好嗎？當你知道這個天賦的時候，就可以開始去加工自己，透過這所有的問題，以及許多人的生命故事，可以在生活中去找到自己的天賦。

所有的痛苦、所有的發生、所有的廢寢忘食、所有的爭取，到你去搶救你的生態圈，到最後的離家，這一切都來自於如果你要「向死而生」，這裡有一個重點是，你的死亡如果只是結束，那就太可惜了。

　　大家從第一個主題到第七個主題，在每一個痛苦、每一個阻礙、每一個逆境當中，都可以讓你看到天賦，最後才能夠成為你生命中的轉捩點。你的每一個轉捩點，讓這世界變得有意義，讓你變得更有價值，最後才能刻在你的墓誌銘上面。

　　你想要讓墓誌銘寫上那些東西，不是你想寫就可以寫的，因為大家都不覺得啊！要怎麼把你想要的東西出現在墓誌銘上？就是你必須看懂天賦，這才是一個「向死而生」的概念，當你越清楚天賦的意義、生命的意義，就可以在這不確定的世界裡，找到你的一席之地。

　　生命的意義，就是來自於你在墓誌銘上想要寫上的，如果你想要留下精采萬分，你就要發現並發揮自己的天賦。此時此刻，你應該立即展開行動，你的人生下半場已經開始了，成為自己想要的樣子，去做自己想做的事！

怎麼樣看懂自己的人格天賦？

　　你會跳舞、唱歌這件事我都知道了，我要你因為這次的結束，又重新看到你深藏內心很久的那個善良或是溫暖，或是某種人格天賦，最後因為這件事情的衝擊，那個轉捩點，讓你看見了自己的天賦。如果你沒有轉個彎，你就往下走到了死亡，而沒有「向死而生」，真的是太可惜了！

前面有提到，死亡就是一個結束，但也是一個新的開始，這件事情結束之後，我們想成為更好的人，所以在一次又一次的失敗當中，如何從失敗的過程裡面，找到你沒有找到的天賦，怎麼在這過程中找到自己的天賦？譬如反思，在檢討的過程中，它可能就是一種天賦。有些人不會反省、不會檢討，一直說「我沒有沒有」，你就沒有辦法向死而生，你就沒有更好的轉捩點。

　　從第一個到第七個問題，這是我們七位老師給出的七個方向，可以讓你更快看到自己的天賦，也希望大家可以去思考這七個問題，最後看到自己的天賦。關於成為更好的自己，採取行動、超越自己，比現在更好的自己，有覺知的生活。

　　你有沒有想過，自己現在有沒有什麼正在做的事情，是完全符合這七個問題的？請你去思考看看，如果有，那可能就是你的天賦，你要為自己開心。人藉由父母的愛孕育生命，呱呱落地來到這個世界，這是新生命的開始。

　　然而隨著不同的人生階段逐漸成長，這成長不只是身體的長高長大，也包括了生活的知識、常識、人際關係及經驗的累積。最怕的是你的夢想被現實磨平，最怕的是碌碌無為的一生，要記住，每次生命的成長遇到考驗時，都是一個淨化生命的機會。你正走在屬於你自己的人生道路，你已經是了，你一

定會成為越來越好的樣子，不要再被外面所影響，我們應該要好好的學習、調整。

　　人的一生當中，難免會有經過黑暗隧道的時候，一條讓人覺得彷彿再也看不見光明般漫長的隧道，但是正如所有隧道都有出口一樣，好好思索探尋出自己的方向，就會找到自己的生命出口。

　　靜下心來好好去思考這七個問題，把時間縮短到半年或三個月，你去找到符合這七點的事情。我們很少去思考，而都是去聽別人說的，然而世界上不會有其他人比你更清楚你自己了，只有你自己最了解自己。

　　我希望你可以過得充實又有意義，擺脫迷茫、迷惘，開啟人生的旅程，我們每一個人都可以在人生下半場，展開自己人生的模樣。

七個問題看見你的天賦

在人生下半場，展開自己的人生的模樣

作　　　者／禾禾商學院師資群著
總　策　劃／游祥禾
美 術 編 輯／孤獨船長工作室
責 任 編 輯／許典春
企畫選書人／賈俊國

總　編　輯／賈俊國
副 總 編 輯／蘇士尹
編　　　輯／高懿萩
行 銷 企 畫／張莉榮・蕭羽猜・黃欣

發　行　人／何飛鵬
法 律 顧 問／元禾法律事務所王子文律師
出　　　版／布克文化出版事業部
　　　　　　臺北市中山區民生東路二段 141 號 8 樓
　　　　　　電話：(02)2500-7008　傳真：(02)2502-7676
　　　　　　Email：sbooker.service@cite.com.tw
發　　　行／英屬蓋曼群島商家庭傳媒股份有限公司城邦分公司
　　　　　　臺北市中山區民生東路二段 141 號 2 樓
　　　　　　書虫客服服務專線：(02)2500-7718；2500-7719
　　　　　　24 小時傳真專線：(02)2500-1990；2500-1991
　　　　　　劃撥帳號：19863813；戶名：書虫股份有限公司
　　　　　　讀者服務信箱：service@readingclub.com.tw
香港發行所／城邦（香港）出版集團有限公司
　　　　　　香港灣仔駱克道 193 號東超商業中心 1 樓
　　　　　　電話：+852-2508-6231　傳真：+852-2578-9337
　　　　　　Email：hkcite@biznetvigator.com
馬新發行所／城邦（馬新）出版集團 Cité (M) Sdn. Bhd.
　　　　　　41, Jalan Radin Anum, Bandar Baru Sri Petaling,
　　　　　　57000 Kuala Lumpur, Malaysia
　　　　　　電話：+603-9057-8822　傳真：+603-9057-6622
　　　　　　Email：cite@cite.com.my

印　　　刷／韋懋實業有限公司
初　　　版／2022 年 1 月
定　　　價／300 元
Ｉ Ｓ Ｂ Ｎ／978-986-0796-35-3
　　　　　　9789860796377(EPUB)

城邦讀書花園　布克文化
www.cite.com.tw　WWW.SBOOKER.COM.TW